北朝鮮拉致問題の解決

北朝鮮拉致問題の解決

膠着を破る鍵とは何か

【編】
和田春樹

【執筆】
田中 均
蓮池 透
有田芳生
福澤真由美

岩波書店

はしがき

一九四五年八月一四日、大日本帝国は米・英・中国・ソ連からなる連合国に降伏した。その結果大日本帝国の一部に併合されていた朝鮮は、ついに三五年続いた日本の植民地支配から解放された。その解放された朝鮮が、米国とソ連という二つの連合国によって分割占領されることになったのは、日本が降伏したこの時点のためである。米ソの協議により統一朝鮮国家をつくることは失敗に終わり、それぞれの占領地域に二つの敵対的な朝鮮国家、大韓民国と朝鮮民主主義人民共和国が四八年八、九月に誕生した。五〇年に二つの国家は全朝鮮の統治権を目指して、戦争を起こした。まず北の国家が先攻したが、南を応援する米国にはね返され、退却すると、今度は南の国家が米国とともに北に攻め込んだ。南と国連軍による統一が成功しそうになると、共産中国軍が応援に駆けつけ、韓国軍・国連軍は南に退却した。南北がそれぞれ米国と共産中国の支援を受けた結果、どちらか一方が統一戦争に勝利することはできなかった。戦争は三年続いたが、その間日本を占領していた米軍が日本を基地として朝鮮戦争に参戦し、日本から出撃した米軍機が北朝鮮軍と北朝鮮に対して徹底的な爆撃を加えた。日本は、最初は命令されて、講和後は進んで、この戦争に協力し、米軍を助けた。日本は准参戦国となり、北朝鮮と共産中国に敵対した。戦争は、どちらの側からも成功したものとは言えず、当初の分割占領線である三八度線を西低、東高と斜めにしたところに軍事境界線を引くことになり、ほぼ引き分けで停戦状態に入った。

日本は、朝鮮戦争中の一九五一年に米国側の国々と講和条約を結び、米国の占領から脱して独立国家の道を歩み始めた。六五年大韓民国と条約を結び国交を樹立した。朝鮮民主主義人民共和国の存在は認めていたが、その国とは国交を持つことはできず、持とうともしなかったのである。

敗戦から四五年が過ぎて、一九九一年、戦後処理ができていないただ一つの国、朝鮮民主主義人民共和国と、ようやくに国交正常化交渉が始まった。しかし、交渉は数次にわたり、中断された。二〇〇二年九月一七日の日朝首脳会談で画期的な日朝平壌宣言が調印され、交渉は大きく前進したが、交渉はただちに打ち切られてしまった。〇四年の小泉首相の二度目の訪朝により、事態の行き詰まりが打破されたが、ふたたび交渉は中断されてしまった。そして〇六年に至り、安倍晋三首相により拉致問題対策本部が設置され、拉致問題を引き起こした北朝鮮に対する闘争政策が宣言された。以後、日本と北朝鮮は絶交状態を続けている。

このような結果になったのは、一九七七年から八三年までの七年間に朝鮮民主主義人民共和国の工作員が日本に侵入し、市民一三人をその意に反して拉致し、さらにヨーロッパ旅行中の日本人四人を工作員が同国に連れて行き、帰さないようにしたという、いわゆる北朝鮮による日本人拉致事件が、日朝間の大問題となったためである。

この事件を、交渉を通じてとりあえずの解決にいたらしめようという努力が日本政府、外務当局によりおこなわれた。日朝国交正常化交渉を積極的に進めるとの姿勢を見せ、その中で拉致問題を交渉した結果、北朝鮮は二〇〇二年九月一七日、一三人を拉致した、うち八人が死亡した、五人が生存している、と通告して、拉致の事実を認定し謝罪したのである。そして、二〇〇二年から〇四年にかけて生存被害者五人とその家族を日本に帰した。これは大きな前進であった。しかし、北朝鮮が死亡したと通告した被害者は生きている、全員を即時帰国させよという要求が日朝国交樹立に反対する勢力によってつぶされ、その主張が安倍首相によって日本政府の政策とされたことによって、事態は完全に行き詰まり、膠着状態が出現したのである。

端的に言えば、民間の無責任な政策グループの主張が安倍首相によって採用され、「安倍拉致三原則」に高められた結果として、日朝国交交渉は断絶され、拉致問題のさらなる交渉も不可能になったのである。以後二〇一四年のストックホルム合意によって一時的に緊張緩和がはかられたが、それも翌年には安倍首相によって抹殺され、もとの膠着状態に戻った。久しい間、首相以下政府閣僚は、胸に救う会のブルーリボン・バッジをつける以外のことはしていない。

本書は、日朝国交交渉が拉致問題を利用した一部勢力により、どのように破壊されたかを明らかにし、日本政府と国民がこの行き詰まり、膠着状態から脱出する道を明らかにしようとするものである。本書は、二〇二一年春から始まり二二年秋まで続けられた日朝国交交渉三〇年検証会議の成果であり、すでに公刊された『日朝交渉30年史』(ちくま新書、二〇二二年九月)に続く、拉致問題の研究と関連証言の報告である。

第I部第1章と第2章は、検証会議の成果として得られた拉致問題に関する新しい認識を和田春樹が記述したものである。この文章については、検証会議に参加した複数の専門家に閲読をお願いし、ご意見をうかがい、修正をはかった。第2章の3節「拉致被害者の運命――北朝鮮における生と死を考える」は、これまでタブー視されてきた拉致被害者の生死問題に立ち入って論じている。ご批判をお待ちしている。

第II部に収めた論稿は、日朝国交促進国民協会、日朝国交交渉検証会議においてなされた報告、証言を基に加筆、補筆、修正を加えて仕上げられた文章である。

第3章は、元外務省アジア大洋州局長、審議官田中均氏からの聞き取り(二〇二四年一月一一日)を文章化したものである。第4章は、日本テレビ報道局記者福澤真由美氏が日朝国交交渉検証会議(二〇二三年一月三〇日)で、第5章は、元北朝鮮による拉致被害者家族連絡会事務局長蓮池透氏が同会議(二一年五月三〇日)で、第6章は、前参議院議員有田芳生氏が同会議(二三年四月二日)で、それぞれおこなった報告を基に文章化したものである。

第7章は、和田春樹が日朝国交促進国民協会連続討論「拉致問題を考える」(二〇〇九年二月一三日)でおこなった報告を基に文章化して、蓮池透、和田春樹他著『拉致問題を考えなおす』(青灯社、二〇一〇年)に収録したものに加筆、補筆、修正を加えて仕上げた。補筆、修正については毎日新聞(一七年一二月四日付)における金寿英(キムスヨン)記者の記事に負うところが大きく、同氏に感謝する。

本書の刊行については、岩波書店の中本直子氏のご努力に負うところが大きい。深く感謝する。

二〇二四年二月

和田春樹

目　次

目次

拉致問題。
すべての被害者の帰国を目指して
真剣に取り組んでいます。

●現在も、多くの拉致被害者が救出を待っています。

拉致被害者のうち帰国できたのはわずか5名。我が国は、国民の生命と安全を守るという基本的な使命を果たすため、すべての拉致被害者が生きているとの前提に立ち、被害者全員の奪還に総力をあげて取り組んでいます。

●奪われたのは、「大切な人生」「大事な家族」。取り戻すには国民の皆さまのご支持が不可欠です。

長い年月にわたり、拉致被害者は自由を奪われ、帰国を待ちわびるご家族の苦しみも続いています。とり得るすべての手立てを講じることが必要です。国民の皆さまのご理解をお願いします。

●北朝鮮に対し、すべての拉致被害者の速やかな帰国を強く求めます。

拉致問題は我が国の最重要課題です。政府は、私を本部長とし全閣僚が参加する対策本部の下で一丸となり、国際社会との連携も強めつつ、全力でこの問題の解決を目指します。

12月10日(日)から12月16日(土)は、「北朝鮮人権侵害問題啓発週間」です。

内閣総理大臣 安倍晋三

…を解決するためには、皆さまのご協力が欠かせません。拉致に関する情報をお持ちの方は、[tel.03-3581-0141(代)]又は都道府県警察本部までご連絡ください。

拉致問題対策本部事務局総合調整室 tel.03-5253-2111(代)
http://www.kantei.go.jp/jp/singi/rati/index.html

政府インターネットテレビ
拉致問題について「安倍総理のライブ・トーク官邸」などで紹介しています。是非ご覧ください。
http://nettv.gov-online.go.jp/

政府広報
拉致問題対策本部
内閣官房・警察庁・法務省・外務…

第I部
検証 日朝国交交渉と拉致問題

2006年「北朝鮮人権侵害問題啓発週間」(毎年12月10～16日)の開始にあたり、全国紙六紙に掲載された政府の意見広告(2006年12月10日、朝日新聞)

第1章

日朝国交交渉と拉致問題の経緯を振り返る

日朝交渉三〇年検証会議
和田春樹

1　拉致問題の発生と初期の国交交渉

日本にとって朝鮮半島とロシアは最も近い隣人の国である。日本はロシアとの戦争に優勢勝ちをおさめて、朝鮮半島の支配権を認めさせ、一九一〇年に朝鮮半島を併合した。そこから中国大陸に侵略を進めた日本は、ついに一九四一年米国及び英国と戦争するにいたった。大東亜戦争は五年近くにおよび、一九四五年、日本は全面的な敗北と国土壊滅にいたり、米英、中国、ソ連に降伏した。

日本は朝鮮を植民地状態から解放することに同意し、台湾、遼東半島、満州を中国に返還した。日本は米軍の単独占領下におかれたが、朝鮮は米国とソ連により分割占領され、一九四八年にそれぞれの占領地域に二つの敵対的国家が建国された。一九五〇年にこの二つの国家が戦争を開始すると、米軍は日本から軍隊を出動させ、爆撃機を発進させ、韓国軍に加勢した。日本は連合国総司令部（GHQ）の命令にしたがって、米軍の行動を支援した。一九五一年に講和条約を結び、翌年独立したあとも、朝鮮戦争支援の義務をひきつづき果たした。日本は朝鮮戦争の准参戦国であり、北朝鮮、朝鮮民主主義人民共和国とは、戦中、戦後を通じて敵対的な関係にあった。

一九六五年、日本は大韓民国と条約を結び、国交を開き、経済協力をおこなった。朝鮮民主主義人民共和国の存在はみとめていたが、関係を開く状態になかった。一九八〇年代半ば、日本では民間からも政権の内部でも、日朝国交樹立をめざす動きがあらわれた。この動きは、八〇年代末の韓国の民主化、ソ連東欧の大変動の中で、一つの明確な動きとなり、一九九〇年に訪朝した金丸信、田辺誠が金日成と三党共同声明を出して、日朝国交交渉の開始に道を開くことになったのである。

北朝鮮による日本人拉致

北朝鮮工作員による日本人拉致事件は、日朝が敵対的な関係にあった一九七〇年代に起こされた事件である。この事件は長いあいだ認識されることがなかった。最初の事件は、一九七七年九月一九日に三鷹市役所の警備員久米裕が石川県の能登の海岸で北朝鮮の工作船に乗せられたという、宇出津(うしつ)事件である。しかし、この久米を工作船に乗せた在日朝鮮人が現場から旅館に戻ったところで逮捕され、すべて供述したので、この事件は日本当局に明らかになってしまい、北朝鮮の作戦は失敗に終わった。にもかかわらず、警察はなぜか立件せず、逮捕された人物は釈放された。発生二カ月後の一一月一〇日に朝日新聞が社会面のトップに「三鷹市役所の警備員／工作船で北朝鮮へ」「能登半島から密出国」とこの事件を報じたが、それで終わりだった。のちにわかることだが、この五日後に新潟市の海岸近くで女子中学生が下校途中に姿を消すという事件が起こったのだが、誰も彼女の失踪を宇出津事件と結びつけて考えることはなかったのである。

次いで起こったのは、一九七八年七月から八月にかけて、福井、新潟、鹿児島、富山の四カ所で連続的に発生したアベック失踪事件である。最後の事件は誘拐未遂に終わった。これらの事件についての報道も発生当時はなされなかった。やはり事件発生五カ月後になって、一九七八年一二月九日、読売新聞が社会面で「アベック謎の連続蒸発」と報じた。「組織的な機関による犯罪説」を匂わせているが、北朝鮮との関連は言及されなかった。この記事もそれだけに終わった。

これらの事件が一つの社会的な問題として提起されたのは、二年後の一九八〇年一月七日のことだった。サンケイ新聞が一面トップで「アベック三組ナゾの蒸発」「富山の誘かい未遂からわかる」「警察庁が本格捜査」「外国情報機関が関与?」「同一グループ外国製の遺留品」との見出し付きの大きな記事を載せたのである。初日の記事は富山の誘拐未遂事件をくわしく紹介し、翌八日にはそれ以前の三組の蒸発事件を大きく報道した。そして最後の九日の記事は、「ナゾの連続蒸発二年半前に類似事件」「戸籍取得が目的だった」として、三鷹市役所の警備員「久米豊」(正しくは裕)の事件をも紹介した。この三日連続の記事を書いたのは、サンケイ新聞記者の阿部雅美であった。

だが、このときは前年末一〇月に韓国で朴正熙(パクチョンヒ)大統領が部下のＫＣＩＡ部長に射殺されるという、驚天動地の大事件が起こった直後であったためか、サンケイ新聞の報道を後追いする新聞は出ず、社会的にほとんど注目されることなく終わったのである。

北朝鮮の大物スパイ、辛光洙の逮捕

変化が起こったのは、五年後の一九八五年六月二八日、韓国国家安全企画部（韓国中央情報部KCIAの後身）が北朝鮮大物スパイ、辛光洙（シングアンス）を逮捕したと発表したときだった。一九八〇年、辛光洙は彼が包摂した在日朝鮮人金吉旭（キムキルウク）、方元正（パンウォンジョン）とともに、大阪の中華料理屋のコック原敕晁（はらただあき）を宮崎・青島海岸から拉致して、原になりすまし、原名義のパスポートを取得し、これを用いて、日本、欧州、アジア、韓国で活動したというのが発表の内容であった。さすがに、今度は大きな反応があった。各紙は一斉にこの内容を報道した。

中でも朝日新聞は「過去にも拉致事件？」として、警察庁が七八年のアベック失踪事件などとの関連に注目していると書いた。朝日新聞は、翌日もこの年三月に警視庁が摘発した北朝鮮スパイ事件との類似性を指摘し、三鷹市役所の警備員久米の事件のことも説明した。

さらに七月五日発売の『週刊朝日』七月一二日号には前川恵司記者らが「奇々怪々北朝鮮「日本人拉致スパイ事件を洗う」」という記事を書き、辛光洙事件を詳しく紹介した。次の号（七月一九日号）には「スクープ!!「北朝鮮スパイ事件」第二弾——公安㊙資料が語る「工作員は日本人をこうして拉致した」」を載せ、「公安当局が「北朝鮮スパイによる日本人拉致の第一号」と見る」久米の事件を詳しく紹介した。さらにアベック三組、六人の男女の失踪事件は警察庁が「北朝鮮スパイに拉致された疑いが強い」と見ていると説明したのである。困惑した在日本朝鮮人総連合会（朝鮮総連）は無視するわけにいかず、河昌玉（ハチャンノク）社会局長名で抗議声明を出すところに追い込まれた。

ところが、これが評判の悪いＫＣＩＡの後身である韓国国家安全企画部の発表が基だったので、韓国民主化の機運が高まる状況の中では、日本の関心もそれ以上には高まらなかった。日本では、七〇年代に始まった韓国民主化運動に心を寄せる市民の運動が続いていた。このとき日本の朝鮮植民地支配への反省、謝罪が必要だという考えに到達し、その趣旨の国会決議を求め、北朝鮮にも伝達し、日朝交渉を始めるべきだという声明を出していたのである。知識人、キリスト者一三六人（青地晨、大江健三郎、清水知久、隅谷三喜男、鶴見俊輔、和田春樹、中嶋正昭、東海林勤、相馬信夫、深水正勝ら）の声明は、前年一九八四年七月四日に出た。

それから二年後、一九八七年三月一五日、韓国の映画監督申相玉（シンサンオク）と女優崔銀姫（チェウニ）が記者会見をし、自分たちは、一九七八年に北朝鮮の工作員に拉致され、北朝鮮で映画を撮らされていたと発表した。大物映画監督と大女優の事件であったので、韓国国内では注目を集めたが、二人を知らない日本では二人の書いた手記『闇からの谺（こだま）――拉致・監禁・脱走』（上・下）がペン・エンタープライズ／池田書店（後に文春文庫）から五月に刊行されたものの、反響は大きくなかった。韓国でも、この話は拉致だったのか、自分たちの意志で北朝鮮へ行ったのか、わからないという話になって、あいまいな印象が生まれるようになった。このとき、韓国では、政府と市民の革命的な対決のときが迫っていたのである。

一九八七年六月、長年続いた学生市民の韓国民主化運動と軍事独裁政権との対決が最終的決戦に突入し、ついに民主化革命が実現した。同時にソ連でも、書記長ゴルバチョフの推進するペレストロイカが革命的な大変動を起こし、世界は冷戦の終焉という変革に向かっていた。

大韓航空機爆破事件　金賢姫の証言

だが、この大変革の中、一九八七年一一月二九日、大韓航空機爆破事件というとんでもない事件が引き起こされた。北朝鮮がソウル・オリンピックを妨害するために企てた破壊工作である。中東のバグダードからアブダビ経由でバンコクに向かっていた旅客機が爆破され、乗員乗客一一五人が全員死亡するという悲惨な結果となった。事件の直後、アブダビで蜂谷真一と蜂谷真由美という日本人名義の偽造パスポートを持った男女が逮捕された。逮捕の瞬間、蜂谷真一と名乗る初老の男は服毒し自決したが、若い女、蜂谷真由美の方は死にきれず、身柄を確保された。彼女は韓国に護送され、自分は本名を金賢姫（キムヒョンヒ）という北朝鮮の工作員であると認め、全面自供した。その中で、「日本から拉致されてきた李恩恵（リウネ）という女性から日本人としての工作に必要な教育を受けた」という供述をおこなった。これによって、北朝鮮の工作員が日本人のパスポートを使っていること、北朝鮮が日本人を拉致していることが明らかにされたのである。

北朝鮮当局は韓国側の謀略だとして、一切を否定した。日本では、北朝鮮に批判的になっていた共産党系の人々はこの事件を非難したのに、北朝鮮を擁護する社会党系の人々は当惑したり、北朝鮮がこんなことをするはずがないと弁護したりした。日本政府は、金賢姫の供述が明らかになると、外務省の田中均北東アジア課長、警察庁の関連部署の担当者が韓国を訪問し、金賢姫と面会し、聞き取りをおこなった。

翌一九八八年三月二六日、初めて国会で拉致問題が取り上げられた。この問題を国会の質問で取り上げたのは、共産党の橋本敦参議院議員であった。橋本議員の秘書が兵本達吉である。橋本議員は李恩恵事件、アベック三組の事件、辛光洙事件を取り上げ、これらは北朝鮮工作員による日本の主権の侵害である疑いがある、断固たる措置を取るべきであると主張した。答弁に立った梶山静六国家公安委員長は「北朝鮮による拉致の疑いが十分濃厚」であると認め、真相究明に全力をあげるとの立場を表明した。こうして、問題が国会の場で提起され、政府が事件を確認していることが明らかになったのである。だが、もとより北朝鮮側は、このすべてについて否定的に対応し、自分たちの関与を認めなかった。

日朝交渉の開始に反対した勢力が拉致問題に目を向けた

世界的には、解放に向かい、壁をやぶる新しい動きが進んだ。一九八七年一二月によみがえった直接選挙で選ばれ、八八年二月に就任した盧泰愚(ノテウ)大統領が「七・七宣言」を出し、韓国はソ連、中国と国交樹立を目指す、北朝鮮が日本、米国と国交樹立に向かうことを歓迎するという態度を明らかにした。この宣言は日本政府にも大きな影響を与えた。一九八四年に朝鮮植民地支配を反省謝罪する国会決議の採択を求め、その決議をもって北朝鮮政府の扉をたたけと提案していた知識人、キリスト者たち(和田春樹、高崎宗司、中嶋正昭、東海林勤)は岩波書店の安江良介、国会議員の宇都宮徳馬、土井たか子、大学教授伊藤成彦らと結びつき、一九八八年九月八日に声明「朝鮮政策の改善をもとめる要望書」を出した。安江は田辺誠社会党副委員長を動かし、田辺が金丸信自民党元副総理を動かした。そうした努力の結果、田辺と金丸が一九九〇年九月に両党代表団を率いて、平壌を訪問することになった。

金丸は、平壌で日本の植民地支配について反省と謝罪を公言した。金日成は田辺と金丸と会談し、九月二八日日本の二党と朝鮮労働党との三党共同声明を出し、日朝国交交渉の開始を要望した。この動きを推進した人々が交渉開始の前提として解決を求めたのは第十八富士山丸船長抑留事件であった。金日成は、この事件で北朝鮮に抑留されていた船長と機関長を釈放すると表明し、一〇月、紅粉（べにこ）勇船長と栗浦好雄機関長は小沢一郎、土井たか子に引き渡された。

かくして、ついに日朝国交交渉の開始となった。一九九一年一月三〇日、日朝国交交渉第一次会談が平壌で始まった。拉致問題は交渉を準備する過程では一切持ち出されなかったが、一九九一年の年頭、にわかに一つのニュースが舞い込んできた。産経新聞が一月七日の夕刊で「一〇年前欧州で蒸発の三日本人、「北朝鮮にいる」と手紙、自分の意思で行っていない？」と報じた。一月一〇日発売の『週刊文春』一月一七日号は「衝撃のスクープ！ヨーロッパで　日本人学生三人謎の失踪。そして北朝鮮から手紙が」と見出しを付けて報じた。関係者の名前は秘されていたが、ポーランド経由で北朝鮮にいる学生たちからの手紙が届いたことが明らかにされたのだった。

始まった日朝国交交渉に反対することができなかった日本国内の勢力は、こののち事態を挽回する努力を積み重ねていく。その中で、拉致問題に目を向けるようになった。『現代コリア』グループの中心人物、同研究所長の佐藤勝巳はまず『諸君！』一九九〇年一一月号に論文「金丸は何をしに訪朝したのか」を発表した。そこで、「戦後四五年国交がなかった国である。しかも日本とも関係する次のような事件を起こした国だ」として文世光（ムンセグァン）事件、ラングーン事件、大韓航空機爆破事件、富士山丸船長抑留事件を列挙したあとにアベック拉致事件を挙げた。「あるいは十数年前、日本海側の海岸や北九州でアベックが拉致される事件が次々と起こった。確証はないもののの傍証から察するに、北朝鮮の仕業ではないかと思われている」。そして次のように主張した。「そのような金日成政権を相手に国交〝正常化〟を金丸元副総理が突然熱心に主張し始め、謝罪を、と言い出したのだ。実に不可解な話である」。

続いて、佐藤を助ける日朝交渉反対派のナンバー2、『現代コリア』編集長の西岡力が、産経新聞が報じた北朝鮮からの手紙に注目して、拉致問題を調べ、『諸君！』一九九一年三月号に論考を書いた。「北朝鮮「拉致」日本人の利用価値」という奇妙な表題が、この人々の当初の考えをあらわしていた。この論考は一九八五年の前川恵司らの『週刊朝日』記事に基づいて、宇出津事件、アベック三組の蒸発事件、辛光洙事件をまとめ、それにこの度の欧州組三人の新たな疑惑を加えて拉致事件を整理したもので、反対派として初めての認識を打ち出したものである。しかし、当時の西岡の姿勢はむしろ控えめであり、消極的ですらあった。

外務省は「北朝鮮という国は日本人を自分の意思に反して国内にとどめておき、そのことを家族が日本で公表すると、その日本人の命に危害を加えかねない国」だという認識を持っていたことになる。そのような国に対して、なぜ国民の税金を使って経済協力をしなければならないのか、……日本政府は当然その疑問に答えるべきだろう。まずとりうるすべての手段を動員して、拉致されたまま拘束されている疑いの強い日本人の安否確認と帰国交渉こそが行われるべきだろう。日朝国交交渉はそのために有用だと判断される場合のみ続けるべきだ(二三一頁)。

佐藤は四月に最初の日朝交渉反対の本、『崩壊する北朝鮮――日朝交渉急ぐべからず』(ネスコ／文藝春秋、一九九一年)を出すのだが、その本の末尾に西岡の『諸君!』論文から引いて「北朝鮮に拉致されているとみられている日本人」は一五名、偽造されたパスポートは七通にのぼるとして、「日本の主権が犯されている典型的な例」だとし、「昔なら、これだけでも戦争になったのではなかろうかと思える。だが、日本政府は、なぜか問題にしていない」と書き添えた。

しかし、なおこの問題への意味付与はさほど大きくなかった。この人々にしても、拉致事件も北朝鮮という「テロ国家」の新しくわかった罪の一つだと見るという評価だったのだろう。

核と拉致問題が日朝交渉を止めた

だが、日朝交渉が第三次会談に入った段階で、一九九一年五月一五日、埼玉県警が李恩恵は埼玉県出身の「ＴＹ」であると判明したと発表したことが大きな転機になった。家族の希望があり、田口八重子という実名は隠されていたが、日本政府が、このことを五月二〇日の交渉で持ち出し、李恩恵の消息調査を求めると、北朝鮮側は憤然として「自分たちは関係がない」と拒絶したのである。

以後の交渉でも北朝鮮の態度は変わらず、日本政府は米国の要請を受けて、核査察の受け入れを重ねて求め、北朝鮮と対立した。結局、このような交渉が一年一〇カ月続き、一九九二年一一月五日に開かれた第八回日朝交渉で、北朝鮮は、日本が核問題を持ち出したことをとらえて、「朝鮮側は自らの尊厳と原則を捨ててまで日本と関係改善をしない」と言明した。そして、非公式におこなわれていた「李恩恵」問題に関する副団長会議で、北朝鮮側は会談打ち切りを表明した。核問題と拉致問題が日朝交渉を止めたのである。拉致問題を持ち出すことが日朝交渉を止めるのに効果があることが明らかになった。

米朝戦争の危険とその克服

日朝国交交渉が決裂したあと、北朝鮮がプルトニウムの生産を進めているのではないかと米国は疑惑を強めた。米朝関係は急速に緊張し、一九九三年から九四年にかけては米朝戦争が予想されるまでにいたった。

九三年二月にスタートした韓国の金泳三(キムヨンサム)政権は民主化以後の最初の文民政権であったが、北朝鮮とは激しく対立した。金泳三大統領は九三年六月三日に「核兵器を持つ国とは握手できない」と宣言した。北朝鮮は反発し、金日成は九四年の新年の辞で、「南朝鮮のいわゆる〝文民政権〟なるものはみかけだけ」「歴代軍部〝独裁政権〟と変わるところはない」と切って捨てたのである。二月になると、労働新聞は「金泳三傀儡政権を打倒しなければならない」というスローガンを掲げるようになり、三月には北の代表が南の代表に向かって、「ソウルを火の海にする」という発言をするまでになった。

だが、米朝戦争の危機は九四年六月のカーター元大統領の訪朝、金日成との会談により劇的に回避され、米朝関係は対話と合意に向かうことになった。その直後の七月八日金日成が急死したが、この趨勢は変わらなかった。一〇月二一日、米朝はジュネーヴで枠組合意を結ぶにいたる。

ところが、南北関係は緊張が続いていた。金日成の葬儀に韓国から弔問に行く動きが禁止されただけでなく、葬儀の当日、エリツィンが訪韓した折にプレゼントした朝鮮戦争に関するソ連の秘密文書から、ソ連の援軍を要請する金日成と朴憲永(パクホニョン)のスターリンに宛てた訴え(原文ハングル)が公表された。北朝鮮に対する金泳三政権の反発はかくも烈しかったのである。

村山政権による日朝交渉再開の努力

一方、日本では、一九九四年六月に誕生した村山富市を首班とする自民、社会、さきがけ三党連立政権は、九五年の戦後五〇年を契機に侵略戦争と朝鮮植民地支配を反省し、日朝国交交渉の再開を求める姿勢を明らかにした。ここにおいて、金泳三政権は日本の反省が不十分だと批判する一方、北朝鮮との交渉再開の動きに牽制を加えるという複雑な行動に出た。

この情勢を日朝交渉再開に反対する日本の勢力、佐藤勝巳率いる『現代コリア』グループが利用した。『現代コリア』九四年一二月号に佐藤は「日朝交渉再開に断固反対する」という一文を書き、結びに次のように記した。「核問題は、消費税の税率を何%にするかなどと訳が違う。本気で軽水炉援助や日朝交渉を進めるというなら、倒閣以外にない」。

韓国情報機関による日本政治への介入工作

一九九四年には韓国の国家安全企画部が異例な日本政治への介入工作を実施した。九四年九月、金日成の死の直後、国家安全企画部は、朝日新聞社の雑誌『ＡＥＲＡ』誌の記者に脱北者五〇人のインタビューをおこなうことを許した。これは同誌の一〇月一〇日号と一七日号に発表された。一回目の目玉は「元北朝鮮スパイの証言」、安明進（アンミョンジン）の語りであった。この人物は、九三年に韓国に脱出してきた金正日政治軍事大学出身の元北朝鮮武装スパイと紹介された。彼は、自分が教育を受けた軍事大学で日本語の教官をしていた「ファン・クムシル」について語り、「周囲の人は拉致された日本人だと言っていた」と語った。韓国内でも九四年一一月には『月刊朝鮮』一一月号に金容三（キムヨンサム）記者のインタビュー「北韓特殊部隊出身洪鐵男（ホンチョルナム）中尉・武装スパイ出身安明進の体験証言」が「吾々が体験した「総合犯罪株式会社」北韓、その戦慄の実相」と題されて発表された。その記事は『現代コリア』九五年一月、二・三月号に紹介された。ここでも安明進は政治軍事大学時代の教官の中にファン・クムシル（仮名）という日本から拉致されてきた男性がいたと語っている。七〇年代末に拉致されてきた人だが、日本名も出身地もわからない。そのほか「四〇代の日本人男子数名を目撃した」とも語っていた（『月刊朝鮮』一一月号、一四九頁、『現代コリア』二・三月号、三五頁）。

加藤紘一自民党政調会長の努力がみのって、渡辺美智雄を団長とする三党（自民・社会・さきがけ）合同訪朝団は九五年三月二八日に出発した。日本政府は経済的困難に直面している北朝鮮政府の要請にこたえてコメ支援をおこなうことをテコにして、日朝国交交渉を再開しようとしていた。金泳三政府は、北朝鮮にコメ支援を考えている日本政府に対して、韓国が日本よりも先にコメ支援をおこなわなければならない、日本は韓国の後につく程度の支援にとどめるべきだという考えを伝えた。そのため、九五年六月に韓国が一五万トンの支援をすると発表したのに、日本が三〇万トンの支援を決めると、きわめて険悪な雰囲気となったのである。

佐藤勝巳と『現代コリア』グループはこの動きを猛烈に攻撃した。四月二五日に出た『現代コリア』五月号は、玉城素がおこなった加藤紘一政調会長のインタビュー「北朝鮮を積極的に支援すべきだ」を載せるとともに、玉城素・佐藤勝巳の対談「日朝交渉再開に反対する」を載せた。佐藤はこの中で、三党代表団に加藤紘一事務所のスタッフとして同行した新日本産業の吉田猛社長は日本国籍を取った在日朝鮮人で、「北朝鮮のエージェント」であると断定し、「北のエージェントを日本与党代表団がアドバイザーとして連れて行った」と攻撃した。

金泳三政権も明らかに村山政権の対北朝鮮再接近策を妨げる方針で動いた。国家安全企画部はさらに大胆になって、大韓航空機爆破事件の実行犯金賢姫の手記『忘れられない女(ひと)――李恩恵先生との二十ヵ月』を九五年六月三〇日に文藝春秋社から出版させた。その本の帯には「李恩恵先生の救出に日本人は全力をあげるべきです！」という異例のストレートな呼びかけが記され、「北朝鮮へ拉致された日本人・李恩恵こと田口八重子から日本人化教育を受けた著者が……その救出を訴える話題の手記」と書かれていた。李恩恵とは日本人田口八重子であるということはこの本ではじめて日本の国内で公表されたのであった。

これは異常な出版であった。巻末には、李恩恵先生召還推進運動基金に印税の一部を寄付するとの金賢姫の基金設立の呼びかけが載せられていた。また「はじめに」には、辛光洙事件の原敕晁や田口八重子は「一般大衆から愛される人気者や著名人」でないので関心が集まっていないが、それでも「田口八重子の召還のために日本のみなさますべてが気持ちを一つにすれば」、北朝鮮も日本に送り返さざるをえなくなるでしょう、と書いてあった。これは韓国情報機関による直接的な日本政治への介入、拉致運動への直接的呼びかけであった。

日本の中で動き出したのがテレビ朝日系列の朝日放送ディレクター石高健次である。一九五一年生まれの彼は一九七四年に朝日放送に入社し、北朝鮮に渡った朝鮮人のその後を取材するところから、九四年に拉致問題を取材し始めていた。彼は拉致問題についての最初の番組『闇の波濤から――北朝鮮発・対南工作』を一九九五年五月一四日に放映し、三組のカップル拉致から欧州ルートの三人組まで一三人の日本人が拉致されていると主張した。

次に石高は朝日新聞社出版局から『金正日の拉致指令』(一九九六年)という本を出す準備にとりかかった。この異常に攻撃的な標題の本が、日本で出版される拉致問題についての最初の本となる。石高は一九九二年から取材していた在日朝鮮人朴春仙(パクチュンソン)の北朝鮮に帰国した兄のことから始めて、彼女が同棲していた北朝鮮のスパイ辛光洙の話になり、原敕晁の拉致の一部始終を記述した。しかし、本を出すからには、新しい事実、新しい資料、つまり特ダネが必要であった。石高は、国家安全企画部が売り出し中の安明進に対する特別インタビューを許された。インタビューは一九九五年六月と一一月に二回おこなわれ、石高は安明進の話に有頂天になった。そのインタビューにもとづいた第五章「消えたアベックは平壌にいた」は次のように始まっていた。

その男は一枚の写真を手に取り、じっと見ながらいった。

「この男性は確かに平壌で何回も見たことがあります。よく笑うし快活な人でした」

男は冷静に答え、ゆっくりと首を縦に振った。写真は一九七八年八月、鹿児島県の海岸から失踪し、北朝鮮に拉致されたと見られている男性のものだった(一四〇頁)。

このようにドラマティックに安明進を登場させ、安が写真を見ながら、第三のアベック失踪事件の被害者、市川修一は自分が学んでいた金正日政治軍事大学に集められ講義を受けていた日本人の中にいた、自分はその人と話した、それは九三年一月一五日のことだった、と語ったと書き、さらに蓮池薫についても「確実ではないが、見たような気がします」と述べたと書いたのである。日本人の拉致疑惑者が平壌にいる、その人に会ったという初めての証言である。

次いで欧州ルートが述べられて、第七章「金正日の拉致指令」では金賢姫のこと、監督申相玉と女優崔銀姫の拉致の真相、レバノンからの女性五人の誘拐事件が書かれている。

戦後五〇年決議の採択と村山談話

だが、このとき、日本の侵略的過去を反省して新しい隣国関係を目指す村山政権と、過去の反省謝罪を否定する反動派の一九九五年決戦は頂点に達していた。六月九日、ついに衆議院で戦後五〇年決議が、賛成二三〇、反対一四で可決された。反対一四は共産党議員団である。終戦五十周年国民委員会の活動家椛島有三、大原康男らは村上正邦議員の部屋に集まって、決議文案を無害化しようと工作したが、無理だった。

決議は、加藤紘一自民党政調会長の意をうけた保利耕輔政調会長代理の統合案通り、「近代史上の植民地支配や侵略的行為に思いをいたし、我が国が行ったこうした行為や他国民とくにアジアの諸国民に与えた苦痛を認識し、深い反省の念を表明する」というものになった。反対派は、参議院での決議を阻止するのが精一杯のところだった。

だが、決議がなされた本会議を欠席した者も二四九人強に上った。決議文の修正を要求して容れられなかったとして欠席した新進党議員が一七一人、その他各派から二三人、自由民主党からは五五人が欠席した。自民党の欠席者のうち四〇人は抗議欠席した終戦五十周年国会議員連盟のメンバー、奥野誠亮、安倍晋三、衛藤晟一、中川昭一、平沼赳夫らであった。

七月一九日には、村山政府は、慰安婦被害者に対する謝罪と償い（贖罪）の事業をおこなう女性のためのアジア平和国民基金（アジア女性基金）を設立した。そして、八月一五日、全国紙五紙に一面意見広告として、アジア女性基金への拠金の呼びかけが掲載された。

そしてこの日の午前一〇時、閣議決定にもとづく村山総理談話が発表された。

わが国は、遠くない過去の一時期、国策を誤り、戦争への道を歩んで国民を存亡の危機に陥れ、植民地支配と侵略によって、多くの国々、とりわけアジア諸国の人々に対して多大の損害と苦痛を与えました。私は、未来に誤ち無からしめんとするが故に、疑うべくもないこの歴史の事実を謙虚に受け止め、ここにあらためて痛切な反省の意を表し、心からのお詫びの気持ちを表明いたします。

ここにおいて戦前の体制に未練をもつ保守反動勢力は完全に敗北した。

だが、このとき北朝鮮は深刻な自然災害に見舞われ、社会的な危機に陥っていた。この窮状は隠されず、世界に知らされ、コメ援助の要請がなされた。日朝国交推進派が動き、日本政府は九月一四日、日朝交渉再開のための予備交渉を開始するとともに、第二次コメ支援について協議することにした。一〇月三日、北京で第二次日朝コメ協議がおこなわれ、日本は二〇万トンのコメを一〇年据え置き、三〇年の延べ払いで供与するとの合意文書に調印した。だが、同じときにおこなわれた南北協議は合意にいたらず、韓国金泳三政権は日本の踏み込んだ北朝鮮支援に不快感を深め、反発した。

加藤紘一への攻撃

反対派は手段を選ばなかった。一一月、『文藝春秋』一二月号に佐藤・西岡の共同論文「加藤紘一幹事長は北の操り人形か」が発表された。ここでも加藤が在日朝鮮人吉田猛と結託して、北朝鮮との交渉を進めたということが一番の攻撃ポイントである。佐藤は吉田をこれまでは「北朝鮮のエージェント」と呼んでいたのだが、同じ号に掲載された久仁昌による文章「私の愛した

「北朝鮮スパイ」」を利用して、吉田が父の吉田龍雄同様「北朝鮮スパイ」だと思わせるという巧妙な仕掛けをつくり、加藤が「北朝鮮のスパイ」と結託しているかのように言い立てたのである。

吉田龍雄は京城出身の朝鮮人で、一九三〇年頃東京で学生生活を送っている間、松井石根大将の知己を得てその書生となり、松井の媒酌で千葉県出身の女性と結婚、妻の籍に入って吉田龍雄となった。戦後は新日本産業という貿易業を営んでいた。猛はその長男で一九四八年に生まれ、父の会社で働き、北朝鮮との貿易をしていた。父が一九八六年に平壌で病死すると、その後を継いで八七年頃から日朝間の交渉の仲介をするようになる。北朝鮮の許錟（ホダム）書記との親交から、九〇年の金丸・田辺訪朝に先行して、外務省の川島裕アジア局審議官と北朝鮮の党国際部の宋日昊（ソンイルホ）とのパリ会談を準備したのである(吉田猛「北朝鮮と私」1~3、『新潮45』二〇一三年九~一一月号)。のちに吉田猛は、あの決定的な、韓国大統領金大中（キムデジュン）の訪朝を準備する仲介もしている(『南北首脳会談への道——林東源回顧録』岩波書店、二〇〇八年、三頁)。

吉田をターゲットにして、佐藤グループは猛烈な誹謗中傷のキャンペーンを張った。そして、吉田との関係で、加藤紘一について、あらゆるえげつない個人攻撃が週刊誌やイエロー・ジャーナリズムに広がることを促したのである。

一一月一四日村山首相は、金泳三大統領宛てに親書を送り、植民地支配について謝罪したが、同時に日朝関係においては、韓国と「緊密に連携しつつ、南北関係の進展との調和の原則に従う」と約束した。これによって日朝交渉の再開は止められたのである。

一九九五年、新しい日本国家と国民の朝鮮植民地支配への反省の公論が形成されようとしたのに対して、戦前体制未練派は決起し、敗北した。その中で佐藤勝巳と『現代コリア』グループは例外的に村山内閣の進める方向に打撃を与え、日朝交渉再開の動きを阻止したのである。佐藤グループは注目すべき存在となったと言えよう。

2　横田めぐみ拉致の発見と拉致問題運動のスタート

横田めぐみ拉致の発見

だが、一九九五年に敗北した保守勢力は、長く雌伏していなかった。九六年には早くも東京大学教授藤岡信勝、電気通信大学教授西尾幹二らが中心となり、「新しい歴史教科書をつくる会」を設立して、活動を開始した。佐藤ら『現代コリア』グループも次の手を考えていた。ここに取り出されたのが拉致問題であった。

石高の『金正日の拉致指令』は一九九六年一〇月五日に出版された。タイトルはどぎついが、一般の読者を驚かす新しい衝撃的な事実の提示がなかったので、評判にならなかった。しかし、この本に注目したのが現代コリア研究所の人々であった。

佐藤勝巳はようやく拉致問題を特別重視すべきだと考え始めていた。この年のいつ頃からか、佐藤は二〇年前に新潟で行方不明になった中学生の少女について、北朝鮮工作員による拉致を疑うようになったと思われる。一九七七年一一月二二日の新潟日報に「女子中学生帰らず／下校途中／すでに一週間」という見出しのもと、大きな記事が載った。市内の中学校に学ぶ一三歳の横田めぐみが、一一月一五日放課後クラブ活動のバドミントンの練習に参加したあと、六時三〇分頃友人とともに学校を出たが、家近くの十字路で友人と別れてから消息を絶ったと報じていた。新潟県出身の佐藤はこの記事を記憶していた。そして、北朝鮮が横田めぐみを拉致したのではないかと考え始めたところに、韓国の情報機関からの少女拉致の情報が東京で流されたのである。

情報自体は、一九九六年九月二五日発行の佐藤の雑誌『現代コリア』一〇月号に石高健次が佐藤の求めに応じて寄稿した「私が『金正日の拉致指令』を書いた理由」という文章の末尾にすべりこまされていた。

日本の海岸からアベックが相次いで拉致される一年か二年前、恐らく七六年のことだったという。十三歳の少女がやはり日本の海岸から拉致された。……少女は学校のクラブ活動だったバトミントンの練習を終えて、帰宅の途中だった。海岸からまさに脱出しようとしていた工作員が、この少女に目撃されたために捕まえて連れて帰ったのだという。少女は賢い子で、一生懸命勉強した。「朝鮮語を習得するとお母さんのところへ帰してやる」といわれたからだった。そして、十八になった頃、それがかなわぬこととわかり、少女は精神に破綻をきたしてしまった。

石高は、「情報量が少なく、氏名まで特定できなかったために」朝日新聞社本では「触れなかったケース」の一つとしてこの情報を紹介したと付記し、情報の入手先については一切説明せず、ただ九四年韓国に亡命した北工作員がもたらしたものであり、「日本の警察にもこの情報が韓国政府から伝えられ」た、と書きそえていた。

一年後には石高自身がこの情報を一九九五年六月二三日に韓国で国家安全企画部の高官から聞いた、東京に戻ってから別の機関員からも聞いたと書くにいたる(石高健次『これでもシラを切るのか北朝鮮』カッパブックス、一九九七年、一六～二〇頁)。だとすれば、九五年六月と一一月に国家安全企画部の許可を得ておこなった安明進とのインタビューからえたきわめてあやふやな情報は特筆したのに、同じときに同じ方面から聞いたはるかに情報量の豊富な、少女拉致の情報を本に書かなかったことは筋が通らない。だから、石高は朝日新聞社本を仕上げた九六年九月には、まだこの情報に接していなかったと考えるのが合理的である。

この情報の出所については、日本テレビの記者福澤真由美が日朝交渉三〇年検証会議聞き取り(二〇二二年一月三〇日)で、二〇〇六年に駐日韓国大使館に出向していた国家情報院(一九九九年に改名)の参事官から、この情報は「当時、自分が東南アジアで活動中の現役北朝鮮工作員から入手したもので、石高も含めた日本側の関係者に自分が流した」ものだ、と聞いたと語っている。とすると、この情報はソウルの国家情報院から出たのではなく、石高の本が校了になったあと、東京にいる国家情報院の関係者が自分の個人情報を流したものだということになる。石高にも佐藤勝巳たちにもほぼ同時に伝わったと考えられるが、新潟の少女失踪を記憶していた、いやその話を拉致と結びつけることを考えていた佐藤は、石高よりはるかに衝撃的な情報だと受け取ったのであろう。佐藤はそのことを石高に知らせないまま、寄稿の末尾に書きこむよう石高に頼み込んだものと思われる。

世に出た横田めぐみ事件

これからの話の進め方、広げ方も芸術的だと言っていい。佐藤は自分の発見を決して急いで発表しなかった。三カ月が経過して、一二月一五日、佐藤は、新潟で旧知の小島晴則に依頼され講演をした。その講演会でも佐藤は横田めぐみ事件に関する新発見を語らなかった。ようやく講演後の懇親会の席で、佐藤は何気なく語り出したのである。「確か新潟海岸で行方不明になった少女がいましたよね」「あぁ、めぐみちゃんです」と反応したのは県警の人間だったのだろう。佐藤はすかさず「彼女、北朝鮮にいるようですよ」と言った。近くにいた人たちが一斉に「エッ」と声を上げたと言われる(『現代コリア』一九九七年一・二月号、一〇頁)。

それから三週間の沈黙の時間をおいて、一九九七年一月八日、佐藤は現代コリア研究所ホームページに横田めぐみ北朝鮮拉致という話を発表した。かくして、『現代コリア』が情報を発表し、『現代コリア』が身元をつきとめたのだが、実にゆっくりと、この事件を世に出したのである。『現代コリア』の人々はこのニュースを広める行動を一月中旬から開始した。『現代コリア』の荒木和博はかつて民社党青年組織で働いていた関係から新進党の西村眞悟議員に連絡をとった。西村は色めき立って、質問主意書を出す準備にかかった。おなじく『現代コリア』の黒坂真は一月二一日、先述の橋本敦議員の秘書兵本達吉のもとに石高論文と新潟日報の記事を送った。兵本もたちまち色めき立って、横田めぐみの父、日本銀行勤務であった横田滋を捜し始めた。

兵本は即日横田滋を発見し、連絡を取り、議員会館に呼び出した。横田滋はそこで兵本から娘の北朝鮮拉致という話を聞くことになった。一月二三日西村議員の「北朝鮮工作組織による日本人誘拐拉致に関する質問主意書」が政府に提出された。西村議員は『現代コリア』掲載の新情報と新潟日報の横田めぐみ失踪記事を紹介し、横田めぐみは北朝鮮工作員に拉致されたと断定できると書いて、政府の考えを質した。長く動かなかった石高は、この日横田宅を訪問している。

一月二五日、今度は『ＡＥＲＡ』記者長谷川熙が横田宅を訪問した。この日に出た『現代コリア』一・二月号に佐藤勝巳の文章、「身元の確認された拉致少女」が載った。ようやくここで佐藤は自分が横田めぐみ拉致を発見したと本格的に明らかにしたのである。二月三日、産経新聞と『ＡＥＲＡ』が横田めぐみ拉致を報道し、西村議員が衆議院予算委員会で質問した。

家族会、拉致議連、救う会の結成

ここでもう一つの重要なプロセスがはじまる。二月四日、日本電波ニュース社の高世仁は、韓国で亡命北朝鮮機関員安明進を取材した。その際、高世は日本での横田めぐみ報道の記事を安に見せた。すると、安は平壌で横田めぐみを見たと言い出したのである。前年に石高に二回取材を受けたときには、安はそんなことは言っていなかったにもかかわらず、である。この高世の安インタビューは二月八日にテレビ朝日(『ザ・スクープ』)で放映されたが、高世は安を匿名で登場させた。結果的に、北から逃れてきた新しい亡命者が平壌で横田めぐみを見たと証言したことになった。これは横田めぐみの拉致を決定的に確認する情報として受け取られた。

兵本、石高が中心になって働いた結果、九七年三月二五日、「北朝鮮による拉致被害者家族連絡会」(以下家族会)が結成された。代表は横田滋、事務局は蓮池透、増元照明という人事となった。家族会は「北朝鮮に対し、断固たる態度で、身柄の返還を要求していただきたい」と求める訴えを政府に提出した。次いで四月一五日には、「北朝鮮拉致疑惑日本人救援議員連盟」(以下拉致議連)が発足した。役員は、会長は中山正暉、事務局長代理が西村眞悟、事務局次長が安倍晋三という顔触れである。

そして四月二三日、外国人記者クラブで横田夫妻が初めて記者会見をおこなった。同席したのは佐藤勝巳現代コリア研究所長、西岡力『現代コリア』編集長、新潟の小島晴則氏の三人であった。横田夫妻の真の後見人は『現代コリア』グループだということを世に知らしめた機会であった。五月一日、伊達興治警備局長が、拉致疑惑は横田めぐみを加えて、六件九人から七件一〇人になったと国会答弁で確認した。

一九九八年に入って、拉致問題の解決を求める運動が本格的に始動した。四月には「北朝鮮に拉致された日本人を救出するための全国協議会」(以下救う会全国協議会)が結成され、佐藤勝巳は会長に、荒木和博は事務局長に就任した。四月二日には救う会全国協議会と家族会は、ニューヨーク・タイムズ紙に拉致被害者救出を訴える意見広告を掲載した。前年春から始めた拉致救出のための署名は四月に一〇二万名に達し、政府に提出された。

国交交渉再開と拉致問題を結びつける道

このとき、国会議員たち、政府と外務省は日朝交渉の再開に向けて動き始めていた。北朝鮮が必要としている食糧援助をテコに国交交渉を再び開始するという考えであった。論理的に言えば、日朝交渉を再開してこそ拉致問題も交渉できるはずである。だが、拉致問題運動団体は、拉致をした北朝鮮に食糧援助をするなと政府に猛烈な陳情運動を開始した。総理を退任した村山富市は自民党幹事長代理の野中広務と組んで、一九九九年一二月、超党派国会議員団の訪朝を実現した。日本共産党の代表も参加した。この議員団の訪朝が日朝交渉再開の道を開いた。村山と野中は、拉致問題は赤十字会談で協議すると北朝鮮に約束させたのであった。日本人配偶者の第三回一時帰国も二〇〇〇年四月ないし五月に実施することが合意されたと発表された。

ついに二〇〇〇年四月、日朝交渉の第二ラウンドが始まった。四月は平壌、八月は東京、一〇月は北京で、三回の国交交渉がおこなわれた。とくに日本でおこなわれた会談の折には家族会、救う会の運動が北朝鮮代表団にも強い印象を与えたようであった。

第二ラウンドは双方が自分の主張を言い合っただけで、何一つ合意には至らなかった。しかし、その後の展開に照らしてみると、北朝鮮側は日本国内に強硬な批判勢力が活動しているもとで、公開で国交交渉をおこなうことを合目的でないと考えるようになり、交渉方式を変えること、さらに、賠償補償の形式に固執するより、内容をとる方がいいと考え始めたと思われる。とくに拉致問題について、これまでの拒否回答だけでは国交交渉が進められないということをも感じたようである。

この年、二〇〇〇年七月三日には日朝交渉推進派は、村山富市会長、三木睦子、明石康、隅谷三喜男副会長、和田春樹事務局長、小此木政夫、小牧輝夫、細谷千博、宮崎勇、山室英男、渡辺昭夫ら理事、木宮正史、高崎宗司、田中宏、水野直樹ら諮問委員の日朝国交促進国民協会を発足させた。設立宣言は、「私たちは、日朝国交交渉を二〇〇一年のうちに、おそくとも二〇〇二年のワールドカップ開催までに妥結して、国交を樹立することが必要であり、かつ可能でもあると考えています」と述べ、きわめて楽観的な意欲を示していた。

これに対して、国交交渉反対勢力はこの年一二月に中西輝政らが中心となって、『北朝鮮と国交を結んではいけない』(編著、小学館文庫)を出した。この本に寄稿した櫻井よしこは「拉致を認めない国と友好関係は結べるのか」と問いかけ、「拉致された人々を解放させ、無事に日本に連れ戻す」こと、この一点を前提条件として交渉すべきである、しかし、そのような交渉はおこなわれていない、「民主主義を尊ばず、人道主義や基本的人権を歯牙にもかけない現在の北朝鮮政府」に国交正常化で多額の経済協力を与え、力を与えることには「慎重であるべきだ」と主張した(二五八、一六三〜一六七頁)。

国交交渉を推進する側としても、拉致問題の交渉を合わせて交渉するにはどうすればよいかが問題となった。和田春樹は論考「「日本人拉致疑惑」を検証する」(上・下)を雑誌『世界』(二〇〇一年一、二月号)に発表した。「一〇人の拉致被害疑惑者がいる中で、原敕晁さんの件だけが明瞭な拉致である」とし、したがって「この件は拉致として交渉すべきであるが、それ以外の九人は横田めぐみさんを含め、拉致されたというはっきりとした証拠がないため、行方不明者として日朝交渉の中に乗せていかなければならないのではないか」と主張した。とくに横田めぐみについての安明進の証言をこまかく分析し、証言が時とともにふくらんでいくことを指摘し、信頼性がないと述べた。

　安を招いて日本縦断講演会を組織していた救う会、家族会はこれに激しく反発して、和田を非難し、安証言を全力で擁護した。佐藤は『諸君！』二〇〇一年四月号に「いい加減にしなさい和田春樹センセイ！」を、荒木は『草思』四月号に「拉致問題に横槍を入れる、和田教授の裏事情」を書いた。

　しかし、世界では二〇〇〇年には六月に金大中韓国大統領の訪朝があり、一〇月にオルブライト米国務長官の訪朝があった。一二月には英国が北朝鮮との国交を樹立した。翌年一月にはオランダ、トルコ、ベルギー、二月にはカナダが、三月にはドイツ、ギリシアが国交を結ぶというふうに、国交ラッシュともいうべき事態が続いた。その中で、二〇〇一年四月に小泉純一郎政府が誕生すると、外務省の田中均新アジア大洋州局長が首相の命を受けて、北朝鮮の代表ミスターXを相手に日朝国交交渉を一一月から秘密裡に進め始めたのである。拉致問題解決の交渉もこのとき本格的に開始されたと言っていい。

3　日朝首脳会談の成功、生存被害者の帰国、国交交渉の挫折

　一年以上も続く秘密交渉の期間には、さまざまな風波、さまざまな事件もあった。秘密交渉開始直後の一二月、東シナ海での海上保安庁巡視船と不審船の砲撃戦、不審船沈没という事件が起

こった。沈没した北朝鮮工作船の乗組員一五人は冬の海で全員が死亡した。二〇〇二年三月になると、よど号事件関係者の元妻八尾恵が「ヨーロッパから有本恵子さんを拉致し、北朝鮮に連れてきた」と語り始め、有本さんの家族に謝罪するという行動をとった。このことから、二〇〇二年三月一二日、警視庁は有本恵子を拉致疑惑者のリストに加えることを決定した。これで、拉致疑惑は八件一一人となった。

拉致を認めた北朝鮮

ついに二〇〇二年九月一七日、小泉首相が訪朝し、日朝首脳会談が開催された。北朝鮮は拉致を認め、謝罪し、一三人拉致、五人生存、八人死亡と通告した。会談の中で日朝平壌宣言が合意署名され、両国指導者は国交正常化に進むことを誓った。宣言の第二項において、日本側は「過去の植民地支配によって、朝鮮の人々に多大な損害と苦痛を与えたという歴史の事実を謙虚に受け止め、痛切な反省と心からのお詫び(apology)の気持ちを表明し」、国交正常化の後、一定期間、応分の経済協力をおこなうことを約束した。宣言の第三項は、一九四五年以後の日朝関係において存在した不正常な状態を終わらせる措置について規定した。「日本国民の生命と安全にかかわる懸案問題については、朝鮮民主主義人民共和国側は、日朝が不正常な関係にある中で生じたこのような遺憾な問題が今後再び生じることがないよう適切な措置をとることを確認した」。北朝鮮側は工作船の派遣、日本領海の侵犯、工作員の不法上陸、拉致活動を今後おこなわないことを約束したのである。宣言の第四項は、両国が「北東アジア地域の平和と安定を維持、強化するため」、協力することを確認した。

北朝鮮側がこの合意に先立って、一三人の日本人を拉致したことを認め、謝罪したのは驚くべき前進であった。この成功は日本政府が北朝鮮との国交正常化を実現することを願い、粘り強く交渉したことによって、北朝鮮側を説得することができたということである。しかも、このときまでの日本側の認識では拉致疑惑一一人だったのに、北朝鮮は一三人の拉致を認めた。日本側で一一人に加えている久米裕については、北朝鮮側は「入境していない」と関わりを否定し、それ以外の一〇人については、田口八重子も横田めぐみも拉致したと認めた。その上、ヨーロッパから連れてこられた石岡亨、松木薫の拉致も認めたのである。重要なことは、日本側がまったく知らなかった曽我ひとみを拉致したと北朝鮮が申し出たことである。それで一〇人プラス三人で、一三人拉致という回答になった。だが生存していると回答されたのは、蓮池夫妻、地村夫妻、曽我ひとみの五人であった。このことが呼び起こした心の痛みは大きかった。

曽我ひとみのことは日本政府の拉致疑惑者のリストには入っていなかったので、北朝鮮側の通告から三日後の九月二〇日になってようやく確認がなされた。一九七八年八月一二日に佐渡島の真野町（現佐渡市）で母親の曽我ミヨシと一緒に買い物に行ったまま帰ってこないとして父親から届けが出ている女性だとわかった。となると、母親も一緒に拉致されたのだろうということになったが、政府が曽我ミヨシのことを問い合わせると、北朝鮮側は「その人は入境していない」と回答した。それで、日朝首脳会談ののちに、日本政府は、北朝鮮側が拉致したと認めた一三人に久米裕と曽我ミヨシを加え、一五人が拉致されたと主張することになったのである。

家族の衝撃、悲しみと怒り

拉致被害者家族へは、九月一七日当日の夕刻、植竹繁雄外務副大臣が福田康夫官房長官とともに平壌で明らかにされた結果を伝達した。家族にとっては、拉致が認められ、事実となったということで衝撃を受け、さらに生存、死亡の通告でそれ以上の衝撃を受け、悲しみ、怒りの感情が爆発した。家族の一般の意見は、「証拠隠滅のため、殺された可能性が大だ」という増元照明の言葉、「どういう死に方をしたのか、それだけはきっちり聞きたい」という有本嘉代子の言葉に代表されている。拉致されて、死んだと言うなら、北朝鮮が殺したのではないかと考えるのが自然であった。

記者会見で、横田滋は涙を流し、「結果は死亡という残念なものであった」、ただ、結婚して女の子がいると言うことを聞かせてもらったと語った。だが、横田早紀江は涙も見せず、次のように語った(『めぐみへ　横田早紀江、母の言葉』草思社、二〇〇七年、五〇〜五一頁)。

日本の国のために、このように犠牲になって、苦しみ、また亡くなったかもしれない若者たちの心のうちを思ってください。……私たちが一所懸命に支援の会の方々と力を合わせて戦ってきたこのことが、大きな政治のなかの大変な問題であることを暴露しました。……そのようなことのために、めぐみは犠牲になり、また使命を果たしたのではないかと私は信じています。……本当に濃厚な足跡を残していったのではないかと、私はそう思うことでこれからも頑張ってまいります……まだ生きていることを信じつづけて戦ってまいります。

これは驚くべき発言、決然たる、政治的な立場の表明であった。横田早紀江がそのように考えた気持は理解できる。彼女は北朝鮮を許さずに、これから二〇年間闘い続けていくのである。だが、これは被害者家族の闘争宣言として理解されるとしても、日朝国交交渉を進める日本政府と国民の闘争宣言にはなりえないものであった。

救う会は家族会とともに日朝首脳会談を強く非難する声明を出した。九月一七日夜、家族会代表横田滋と救う会全国協議会会長佐藤勝巳の連名で声明が出された。生存者四人の原状回復を求める、「北朝鮮側が死亡したと発表した六人」の状況を明らかにせよ、この二点が要求された。その上で、拉致は「許されざる国家テロ」であり、「絶対に許すことはできない」。このことを「知らされながら、国交正常化交渉を始め」たのは「国民に対する重大な背信」であり、「絶対に許しがたい」。この方針を撤回せよ。こういう「異常な行動は、およそ国家というに値しない」。このような日本国の状況と徹底して闘う。これはまさに異常な声明であった。この声明は新聞各紙には報道されなかった。救う会全国協議会事務局長の荒木和博は「このときは正直のところ「万事休す」かと思った」と回顧している(編著『拉致救出運動の2000日』草思社、二〇〇二年、四七九頁)。

救う会の会長佐藤は北朝鮮の全的な批判者であり、北朝鮮が「拉致を認めることは絶対にない」、被害者の一時帰国を認めることもないと考えていた。北朝鮮の一三人拉致、八人死亡という回答を聞くと、「運動の結果殺されたのかもしれないから、すまなかった、悪かったね」と、横田早紀江に詫びなければならないという気分になった。横田早紀江は佐藤のそのような言葉を書きとめている（『めぐみへの遺言』幻冬舎、二〇一二年、一五八頁）。

「被害者は全員生きている」という主張が押し出された

だが、一八日になって、佐藤は完全に頭を切り替えた。北朝鮮に懲罰、制裁を加える道を見出したのである。この日に出された救う会会長単独の声明は次のような内容のものだった。冒頭、佐藤は、北朝鮮が提出した「安否情報」は「まったく根拠のないものだ。日本政府はいま現在までその情報が事実かどうか確認していない。つまり、死亡とされた八人は現在も生きている可能性が高い。それなのに、一七日、日本政府が家族に「死亡しています」と伝えたことにより、現在も生きている被害者が殺されてしまう危険が高まっている」と述べている。

核心は、死亡したと北朝鮮が言っても、証拠を示していない以上、生きている可能性が高いと言い切ったところにある。国家がおこなうから拉致といわれるが、私人の犯行なら誘拐である。佐藤の言うところは、誘拐犯が公の場に引き出されて、自分が誘拐した人物はすでに死んでいると陳述すると、息子を誘拐された父親が「死体を見せろ、死体を見せなければ、生きていると考えるぞ、生きたまま返せ」と要求するのに他ならない。肉親の感情としては、そう言うことも理解はできるが、誘拐犯にそのようなことを求めることは意味をなさないであろう。誘拐犯が死んでいると言えば、殺したと考えるのが自然である。まして国家間の外交では、外交の相手が虚偽を言っていると証拠もなく正面から決め付けるなら、そこで外交は断絶してしまう。この声明は、さらに横田めぐみの娘は北が「準備」した人であるとして、根拠もなしにニセモノだと示唆している。救う会は横田めぐみが生きている情報を二つも持っているが、確証された情報ではない。

死んだという証拠が与えられていないから、被害者は全員生きているという佐藤の詭弁はこののち決定的な役割を演じることになるのである。

他方で、生存者が五人いるとなれば、五人の原状回復、日本への帰国がすみやかに実現されなければならない。政府は、この点での交渉をどう進め、要求を実現するかの道筋を示さなかった。他に道がなければ、小泉首相は自分がもう一度平壌に行き、五人を連れて帰るから、待ってくれと言うべきだったのである。この点について何も言わなかったのは致命的であった。救う会と家族会は九月一七日の声明で「四人の一ヵ月以内の原状回復」をいち早く要求した。四人と言ったのは、曽我ひとみのことは救う会も認識していなかったので、ひとまずこの人を除外して方針を出したものである。それに続いて、九月二五日には佐藤が救う会会長として「現時点における私たちの立場」という文書を再び出し、当時政府から打診のあった家族訪朝提案に反対するとともに、生存者を一カ月以内に帰国させよと要求した。これで政府と外務省は完全に追いつめられてしまったのである。

生存者の一時帰国と北朝鮮に返さないという決定

政府は九月二八日に齋木昭隆外務省アジア大洋州局参事官のチームを平壌に送り、拉致被害者について調査報告を求めた。一〇月一日に帰国した齋木調査チームの報告はさまざまな波紋、反発を呼び起こした。持ち帰った松木薫の遺骨は鑑定の結果、本人のものでないという結論になり、混乱を招いた。政府はここで、小泉首相、福田官房長官、川口順子外相、田中局長らが話し合って、平壌に五人の一時帰国を要請することを決め、実施した。一〇月三日には、福田官房長官が国交交渉を一〇月中に再開すると発表した。生存被害者の一時帰国を日本側から求めたのは致命的な愚策であった。

一〇月八日、北朝鮮が、突然、五人が一五日に一時帰国すると通知してきた。翌九日、政府の関係閣僚会議が、生存者の一時帰国を受け入れ、一〇月二九、三〇日に国交交渉を再開すると決定したと発表した。

一〇月一三日、家族会は、五人が帰れば北朝鮮には返さないということで合意した。おそらく救う会の意見にもとづいているのだろう。一〇月一五日、拉致被害者五人が帰国した。それは歓喜と驚きの瞬間だった。佐藤勝巳は読売新聞一〇月一六日に手記を寄せた。「金正日政権が存続していながら、被害者の五人が羽田空港に降り立った、信じられない光景である。現政権が続く限り、被害者の一時帰国はおろか、拉致を認めることさえ絶対にないというのが、つい一カ月前までの常識だったからだ」。

一〇月二二日、安倍晋三内閣官房副長官、中川昭一拉致議連会長、平沢勝栄事務局長、佐藤救

う会会長、荒木事務局長の五者会談がおこなわれた。五人を返さないという方針が決められたのであろう。二三日、安倍副長官が家族会と会った。二四日、蓮池薫が中山恭子参与に電話し、自分たちは帰らないと伝えたといわれている。午後、拉致議連は五人を返すなという要望書を提出する。安倍内閣官房副長官が動き、返さないという政府方針が決まった。この間、夫と子どもたち、家族すべてを平壌に残している曽我ひとみからどのように意思確認がされ、合意がとりつけられたのであろうか。

北朝鮮はこの日本の態度決定に激怒した。一〇月二九日、クアラルンプールで日朝交渉第一二次会談が始まったときには、日朝間はすでに深刻な対立状態にあった。こうして二〇〇二年の日朝交渉は決裂に終わってしまった。日朝交渉は首脳会談での日朝平壌宣言の調印にまでこぎつけながら、国交正常化の原則に合意しながら、その先へ踏み出すことに失敗した。日朝交渉の中でなされた拉致問題の交渉は北朝鮮から一三人拉致、八人死亡、五人生存という回答を得て、生存者五人を、家族は平壌に残したままであったが、日本に永住帰国させることに成功した。しかし、この成功が日朝交渉の決裂を招いたのである。

救う会は金正日政権打倒を掲げる

小泉訪朝、日朝平壌宣言に基づく日朝国交正常化をつぶした勢力は二〇〇二年の終わりに勝利の凱歌をあげた。一一月二四日、東京ビッグサイトで開催された救う会全国協議会特別研修会で、佐藤勝巳会長は基調講演をおこなった(『現代コリア』二〇〇二年一〇月号、七〜一六頁)。

五人が帰って来た瞬間が、我が国の戦後五〇数年間の、対北朝鮮政策が質的に変わった瞬間です。……端的に申し上げれば、安倍晋三官房副長官に、拉致問題のイニシアチヴが移行した瞬間です。即、それは外務省から拉致問題が事実上離れた瞬間です（一〇頁）。

テロ国家を相手にして、話し合いで拉致というテロの原状回復を勝ち取れるなどというのは夢物語に他なりません。交渉は戦いの手段にしか過ぎないのです（一一頁）。

私は、……政治、外交によって解決して行く道を提示したい。この場合の政治、外交とは、北朝鮮のあの軍事独裁政権を内部から崩壊させる工作をすることです。政治的、外交的に圧力をかけ、さらに内部工作を行えば、内部矛盾が拡大して、金正日政権が崩壊すれば、拉致の問題も、軍事的脅威も一挙に解決します。これを実行する勇気が有るか無いか、後はそれだけです（一四頁）。

続けて、この日に副会長になった西岡も同じことを繰り返した（同上、一六〜二六頁）。

金正日が拉致をしたのです。拉致の責任者は金正日であって、その目的は金正日がこれまで行って来たテロリズムなんです。つまり、金正日政権の存続と拉致問題解決は両立しないんです（一七頁）。

拉致の命令者は金正日である。従って、私たちの戦いは、あの政権そのものとの戦いなんだ(一一七～一一八頁)。

金日成政権が倒れれば拉致問題は解決すると明言

これは仲間内だけで語られていた言葉ではない。一二月一〇日、衆議院安保委員会で佐藤勝巳、フォラツェン、中江要介、和田春樹が呼ばれ、参考人陳述をおこなった。自民党推薦で出席した佐藤は、「私は、現在の金正日政権を個人独裁ファッショ政権というふうに理解をしております」「この政権は、話し合いの対象ではなく、あらゆる方法で早く倒さなければならない政権だと考えております」と述べた。政権打倒の方法について尋ねられると、「万景峰(マンギョンボン)号の入港の規制だ」と述べ、「この船により人と金とモノと情報が動いているので、この船の入港の規制をされますと、総連中央幹部の表現をもってすれば、北朝鮮の政権は三カ月ともたないだろう」とした。実に愚かな見通しであった。

「拉致問題の解決とは何か」という質問に対しては、「一〇〇名近い人たちが……北朝鮮に拉致されている。これが全員日本に帰ってくることだ。そして、実行犯の処罰と損害賠償である。その解決は金正日政権には期待できない。期待するのは幻想だ」と述べた。つまり、そこまでハードルを上げれば、金正日政権は倒れる、それで拉致問題は解決されるというのだ。このことを国会の委員会で明言したのである。

だが、ここで、拉致問題の解決のために「金正日政権の崩壊が絶対必要条件である」という佐藤の立場は「植民地支配時代の清算の問題も含めて包活的に交渉の中で解決を図っていきたいという小泉総理のスタンス」とはズレがあるのではないかと、社民党の今川正美議員が指摘した。すると、佐藤は平然と「大変よい質問をしていただいた」と言い、「小泉総理とのスタンスが違うのではないかということですが、はい、そのとおり違います」と答えた。遠からず、小泉ではなく安倍の立場が日本政府の立場になると確信していたのであろう。

「戦争になるかもしれないが、その時は米軍に頼ればいい」

佐藤はまた、この月『拉致家族「金正日との戦い」全軌跡』(編著、小学館文庫)なる本を書き、「金正日体制の打倒を目指そう」と呼び掛けた。

今の北朝鮮に経済援助をして、何とか目先の安定を図ろうなどということは、なんとも愚かしいことだ。むしろ、金正日体制を倒すことに全力を挙げるべきだ。倒せば、……拉致された人々すべてを無事に救出できる状況ができてくる。私は、日本も韓国もメッセージを次々と発すべきだと考える。向こうは金欲しさに拉致を認めたわけだから、こちらはハードルをどんどん上げていく。上げていくと内部矛盾が起きる。それが金正日体制打倒、東アジアからテロ国家が消滅することにつながっていく(二〇八頁)。

「ハードルを上げる」については「拉致被害者の一時帰国が実現したのだから、次は家族全員の帰国をすぐ認めろと要求していくというふうにやることです。内部矛盾が起きるとは、さらなる譲歩に追い込まれる金正日に対して北朝鮮の国民、軍が怒り、内戦や暗殺になるということであり、そうなると、戦争になるかもしれないが、その時は米軍に頼ればいい」と説明している。佐藤は最後に「救う会」の方針を、次のように整理し直した。

『救う会』は、今後も被拉致者全員の帰国を目指して活動を続けていく。日朝交渉の停滞によっては、拉致事件の解明は停滞するかに見えるかもしれないが、金正日政権が存在する限り拉致の解決は困難であり、金正日政権の崩壊が絶対必要条件である(二一〇頁)。

つまり、死んだという拉致被害者は全員生きている、即時全員を帰せと主張することは、金正日政権の崩壊を目指すことであり、「救う会」、佐藤グループは、この方針を日本政府の方針にするように求めていたのである。それを安倍晋三官房副長官に期待していたのである。

だが、帰国した拉致被害者は、今度は平壌の夫や子どもたちと切り離されてしまった。日本政府は蓮池、地村両家の子どもたち、曽我ひとみの家族を日本に渡来させるための交渉の道を探らねばならなかった。

再び北朝鮮から日本への働きかけがやってきた。それは、ジャーナリストの若宮清を通し、拉致議連事務局長平沢勝栄のもとへ届いた。平沢は、民主党内の拉致問題担当松原仁、救う会全国協議会副会長西岡力の二人を連れて、北京での北朝鮮政府代表鄭泰和（チョンテファ）・宋日昊との秘密会談に向かった。二〇〇三年一二月二〇日、彼らは会談した。だが、この日の会談も翌日の会談も、もの別れに終わった。

二〇〇四年春になると、北朝鮮は平沢に再度連絡をしてきた。「今度は、大物政治家を連れてきてほしい」ということだった。二〇〇四年四月一日、平沢は、今度は自民党の前幹事長山崎拓とともに大連へ赴き、鄭泰和・宋日昊と会談した。山崎拓は、平壌宣言を実行するということを条件に家族を帰すという約束をとりつけ、小泉首相の承認を得て話をまとめ、帰国した。

小泉首相の再訪朝

この年の五月二二日に小泉首相は再訪朝した。小泉首相は出発にあたって、羽田空港で「現在の日本と北朝鮮の敵対関係を友好関係にしていくということ、対立関係を協力関係にする大きな契機にしたいと思っている」と語った。小泉首相は、日朝国交交渉を再び動かすという旗を掲げていた。そういう決意でないと交渉は進まないと考えていたのである。

小泉首相が求めたのは、帰国した五人の家族の日本への渡航と、北朝鮮が死亡していると回答した八人と入境していないと回答した二人の再調査、真相究明の要求であった。金正日はそれを認めて、「蓮池家と地村家の子どもたち五人は直ちに渡して、総理と一緒に帰国してよい。八人については白紙に戻して再調査する」とした。「曽我さんの夫と子ども三人については、第三国で面会するのも一つの手ではないか」と言った。安否不明者については、「今回の会談を踏まえて、改めて早期に徹底した調査をする」と応じた。

小泉首相は蓮池、地村家の五人の子どもたちを連れて、その日のうちに帰国した。ただちにこの日の夜、家族会、救う会との面談、説明にのぞんだ。家族会のメンバーの多くは小泉首相の弱腰をなじり、罵倒した。横田滋代表さえ、「一番悪い結果が出た。コメ支援も帰国の引き換えにしたんじゃないかと疑念をもたされる」と言った。増元照明は、「あなたに解決能力がないのなら、次の政権トップにやってもらうしかない」と罵倒した。横田拓也は、「過去に出した一五〇の質問に、何の回答もない国から「再調査をする」と言われても意味があるのか。なぜ、午前早々に会談を打ち切り、帰国されるのか、理解できない」と非難した。横田早紀江さえ「もっと対決してきてほしかった。あんなに短い時間で総理が怒りの声をあげてくれたとは思えない」と非難した(朝日新聞二〇〇四年五月二四日)。死亡したとされている被害者の家族たちは感情的になって、首相を追及したのである。この面談はテレビ中継された。それを見ていた国民は、さすがに怒った。家族会や救う会に非難が殺到したと言われている。

首相は六月八日に訪米し、ブッシュ大統領と首脳会談をおこない、平壌訪問を報告した。安倍幹事長は、自分の仕事を進め、六月一四日には「特定船舶入港禁止法案」を国会で成立させた。これで万景峰号の入港が禁止されることになった。

一方、外務省の藪中三十二アジア大洋州局長は八月に実務者協議を開始し、白紙に戻し再調査するという約束の履行を求めた。そして調査結果が出たとの連絡を受けて、一一月九～一四日に、平壌に赴いた。藪中の回顧録(『外交交渉四〇年――薮中三十二回顧録』ミネルヴァ書房、二〇二一年)

によると、代表団は、藪中局長以下、齋木昭隆審議官、伊藤直樹北東アジア課長、警察庁から北村滋外事課長が加わっていた。

藪中らは、陳日宝(ジンイルボ)人民保安省捜査担当局長から再調査結果を七時間かけて説明された。まず初めに、北朝鮮側は「八人死亡、二人は入境せず」という基本的な判断は、再調査したけれども変わりがない、結局「八人は死亡している。二人の入境は認められない」と回答した。その点を細かく調べようとしても、資料が残っていない、一九九一年に秘密機関の極秘文書は破棄してしまった、とのことであった。残っている資料として、横田めぐみのカルテ、交通事故で死亡した人々の記録などが渡された。これとは別に、藪中は横田めぐみの元夫キム・チョルジュンと会い、話を聞いた上、横田めぐみの遺骨なるものを、横田夫妻に渡すという文書を交わして、持ち帰った(藪中『外交交渉四〇年』一五三〜一五五頁)。

横田めぐみの遺骨　提示されていない鑑定結果

持ち帰ってきた骨は非常に高温で焼かれたものであった。一般に日本では、火葬した骨のDNA鑑定は不可能であるとされている。火葬している骨を持ち帰った場合、DNA鑑定ができなければ、本人のものとも本人のものでないとも証明できない可能性が高い。本物でないという鑑定が出れば交渉は完全に決裂になってしまうし、本物だという鑑定が出なければ横田めぐみの骨であると証明ができないので、決着はつかないことになる。すでに二〇〇二年、松木薫の骨といわれるものを渡され、鑑定の結果本物でないという結論が出て問題になっていたのである。本人のものだという確証のない骨を受け取って、帰って決着をつけたいと藪中氏が考えたとすれば、あまりに軽率であったと言わざるを得ない。

警察に引き渡された骨は、科学警察研究所と帝京大学のチームがＤＮＡ鑑定をおこなった。一片の骨の中から、検査したらＤＮＡが出そうな状態にある骨を一〇片選んで、五片を科警研に渡し、五片を帝京大学に渡したと言われている。科警研に渡した五片からはＤＮＡは出なかったが、帝京大学に渡した方からはＤＮＡが検出されたという。帝京大学の吉井富夫講師はネステッドＰＣＲ法によるミトコンドリアＤＮＡ鑑定という特別な手法を用いた結果、鑑定に成功したと言われる。もっとも帝京大学の鑑定書は今日まで公表されていない。鑑定書の要旨が北朝鮮政府に送られたことは確かだが、それも日本では公表されていない。政府の精査報告に、四個の骨片から同一のＤＮＡが、他の一個の骨片から別のＤＮＡが検出されたが、いずれも横田めぐみのＤＮＡとは異なっているという鑑定結果が出たとあるだけである。

さらに二〇二二年、日朝交渉三〇年検証会議での福澤真由美の証言で、藪中氏が持ち帰った包みの中には焼かれた骨以外に歯も入っていたという藪中調査団のメンバーの談話があることが明らかにされ、波紋が拡がった。この歯はどこへ行ったのか(第4章参照)。

ところで、二〇〇四年一二月八日、細田博之官房長官は記者会見を開き、「主として帝京大法医学研究室でのＤＮＡ鑑定の結果だが、横田めぐみさんのものではないという結論が出た。どのようにサンプルをとっても横田さんのものとみられるものはなかった。他人のものだ」と発表した。同じとき、新潟県警も記者会見をおこない、「国内最高レベルの研究機関の鑑定なので、めぐみさんとは別人とみて間違いない」と述べた。この発表はきわめてあやしいものだといわざるをえない。帝京大学の鑑定は、検出されたDNAは横田めぐみのものではなかったと述べているだけであり、その鑑定結果からこの骨が他人の骨だと結論を出したのは、細田官房長官と新潟県警警備局長だということになる。

しかしながら、この日の官房長官の発表は事態を決定的に変化させた。新聞は一斉に「めぐみさん「遺骨」は別人」（毎日新聞）、「「遺骨」めぐみさんと別人」（朝日新聞、読売新聞）と報じた。横田夫妻は「北朝鮮がつじつまを合わせるためいろいろ言っている説明がすべてでたらめだったと判明した。誠意が感じられない。生存を信じて運動を続ける」と語った。

外務省は直ちにこの日北京の大使館を通じて北朝鮮に厳重に抗議し、説明を求めたという。食糧支援を当面凍結する方針が決定された。北朝鮮は一二月一四日外務省のスポークスマンの談話で、鑑定結果は受け入れられないとして鑑定書の提示を求め、真相の究明がおこなわれることを望むと反撃した。つまり日本側は、北朝鮮がニセ遺骨を渡したと鑑定書も添えずに抗議したのである。

日本政府は一二月二四日になって、藪中局長が持ち帰った北朝鮮供与の資料・情報を精査した結果の文書「安否不明の拉致被害者に関する再調査――北朝鮮から提示された情報・物証の精査結果」を発表した。まず横田めぐみの遺骨とされたものについては、帝京大学の鑑定により、横田めぐみでない二人のDNAが検出されたこと、松木薫の骨も同じ帝京大学の鑑定により別人のDNAが検出されたこと、骨からうかがわれる身体的特徴は松木薫と合致しないことが指摘された。横田のカルテについては、一九七九年六月から九三年九月までの記載があるが、朝鮮語で書かれた四〇〇頁の文書であり、精査を継続しているとのみ述べて、このカルテから何が読み取れたかは一切語られていない。刑事事件記録は「拉致事案の責任者は処罰されたとする北朝鮮側の主張を裏付けるものではあるとは到底認められない」と判定し、交通事故死した者の死亡証明書については墨塗りの箇所が多く、死亡者の氏名もなく、田口八重子、松木薫の死亡説を「裏付けるものであるとは到底認められない」と判定している。

「再調査」についての日本側の疑問点

さらに日本政府の文書、「再調査」報告は、死亡とされた八人の被害者について、北朝鮮側の報告に対する疑問点を列挙している。横田めぐみについては、「北朝鮮側がなぜ別人の骨を渡してきたのか極めて不可解である」とし、キム・チョルジュンが遺骨を獲得した経過の説明は「不自然」であり、横田めぐみが平壌の病院ではなく義州（ウィジュ）の病院に入院したとの情報がある、自殺の説明が「不自然」である、死亡日についても「説得力のある説明」ではない、と述べている。

田口八重子については、金賢姫の教育係であったことを北朝鮮側は「依然としてこれを全面的に否定し」、原敕晁と八四年に結婚したと言うが、八三年秋から八五年秋まで横田めぐみと共同生活をしていたという情報がある、と述べている。

また市川修一、増元るみ子については、七九年七月に結婚したと言うが、増元るみ子は七八年九月から七九年一〇月下旬まで別の拉致被害者（浜本富貴恵）と共同生活をしていたという情報があることから市川とは結婚していない、市川は泳げないので七九年九月水泳中に溺死したというのは「不自然」である、増元るみ子が八一年八月に心臓麻痺で死んだというのも「不自然」だ、彼女は若くて(二七歳)、既往症はない、と述べている。

石岡亨、有本恵子については、八八年八月にポーランド人の援助で、二人は松木と一緒に暮らしていると日本の家族に知らせる手紙を出したのに、その二カ月後に静かなところへ行きたいと熙川(ヒチョン)という辺地の招待所に行くことを希望したとの説明は「不自然」であると述べている。松木については、九六年八月、交通事故死したというが、夜危険な山道を自動車で進んだというのは「不自然だ」と述べている。入境せずとされた久米裕と曽我ミヨシについては、二人とも北朝鮮に連れていかれたのは「明らか」であると批判している。これらの反論、疑問点の提示はいずれも妥当なものである。しかし、一〇人が生きているという主張の根拠になるものではない。

結論として、日本政府の「再調査」報告は、「「八名は死亡、二名は入境を確認せず」との北朝鮮側説明を裏付けるものは皆無である。北朝鮮側の「結論」は客観的に立証されておらず、我が方としては全く受け入れられない」と断定する。「今般の再調査の結果は極めて誠意を欠く内容であるとして強く抗議するとともに、日本側の精査の結果を早急に伝達することとする。そして……金正日国防委員長自身が行った約束を自らの責任と関与で誠実に履行することにより、安否不明の拉致被害者の真相究明を一刻も早く行うよう、厳しく要求するものである」とした。

しりぞけられた日朝国交交渉の再開

この「再調査」報告を発表するに先立って、記者会見の冒頭、細田官房長官は「基本的な考え方」と題する文書を発表した(文書名は毎日新聞二〇〇四年一二月二五日のみ明確に報道)。その内容は「①北朝鮮に「再調査の結果は極めて誠意を欠く」と強く抗議する、②拉致被害者の真相究明を一刻も早く行い、生存者をただちに帰国させることを要求する、③迅速かつ誠意ある回答がない場合、政府として厳しい対応をとらざるをえない、④核問題解決のため六者協議の早期再開を求める」というものだった(朝日新聞二〇〇四年一二月二五日)。

さらに、細田官房長官は記者会見の際、口頭で「生存している可能性が高い行方不明者、安否不明者については、そういう前提で帰国を要求する」、また「生存している可能性が高いという前提で帰国を要求する」(読売新聞二〇〇四年一二月二五日)などと付け加えた。つまり、「再調査」報告と「基本的な考え方」、それに口頭での補足説明の順で、表現がだんだんとエスカレートしているのである。「死亡したという証拠がない」→「生存者はすぐに帰せ」→「生存している可能性が高いという前提で帰国を要求する」となっている。八人は死亡しているという証拠が出ていないことは事実である。しかし、だからと言って、八人が生きている可能性が高まったかのように言うのは、論理の飛躍以外の何物でもない。かくして、小泉首相の再訪朝によって金正日に約束された日朝国交交渉の再開はしりぞけられる結果となった。

4　安倍新時代の到来

六者協議の歴史的合意とその否定

二〇〇五年九月一九日、第四回の六者協議はついに歴史的な合意に到達した。武大偉中国外交部副部長、金桂冠（キムゲグアン）朝鮮外務次官、佐々江賢一郎日本外務省アジア大洋州局長、宋旻淳（ソンミンスン）韓国外交通商部次官補、アレクサンドル・アレクセーエフ露外務次官、クリストファー・ヒル米国務次官補が合意文書に署名した。

この文書には、次のような文言が書き込まれた。まず、「目標は、平和的な方法による、朝鮮半島の検証可能な非核化であることを一致して再確認した」。次いで、北朝鮮は「すべての核兵器及び既存の核計画を放棄すること、並びに、核不拡散条約及びＩＡＥＡ保障措置に早期に復帰することを約束した」。米国は「朝鮮半島において核兵器を有しないこと」、及び北朝鮮に対して「核兵器又は通常兵器による攻撃又は侵略を行う意図を有しないことを確認した」。北朝鮮は、「原子力の平和的利用の権利」を主張し、五カ国はそれを尊重するとし、将来北朝鮮への軽水炉提供について議論することに同意した。

第二項には、朝米両国は「相互の主権を尊重すること、平和的に共存すること、及び……国交を正常化するための措置をとることを約束した」、朝日両国は、「平壌宣言に従って、不幸な過去を清算し懸案事項を解決することを基礎として、国交を正常化するための措置をとることを約束した」と書き込まれた。第三項では、六カ国は経済協力の推進を約束し、五カ国は北朝鮮に対するエネルギー支援の意向があることを表明した。第四項には、六カ国は「東北アジア地域の永続的な平和と安定のための共同の努力を約束し」、「直接の当事者は、適当な話し合いの場で、朝鮮半島における恒久的な平和体制について協議し」、六カ国はまた「東北アジア地域における安全保障面の協力を促進するための方策について探求していくことに合意した」と書かれた。

最後に、六カ国が「「約束対約束、行動対行動」の原則に従い、前記の意見が一致した事項についてこれらを段階的に実施していくために、調整された措置をとることに合意した」と書き込まれた。これは、あらゆる意味で画期的な平和のための合意であった。日朝平壌宣言が出発点となって東北アジア大に拡大発展した、平和プロセスの到達点だと言ってよい。

だが、このような合意ができたのに対して、アメリカ政府内の反朝鮮派は必死で逆流をしかけていた。九月一五日には、アメリカ財務省が、マカオの銀行「バンコ・デルタ・アジア」（ＢＤＡ）が北朝鮮の政府・関連企業のマネーロンダリングに関わった疑いが濃厚だと指摘した。米財務省は、北朝鮮が偽ドル作りに関係しているとして、ＢＤＡの北朝鮮口座の閉鎖を要求したようである。こうして北朝鮮が偽ドルを作っているとの情報が広くふりまかれていく。一八日には、米財務省は北朝鮮の貿易商社など八社の金融資産を凍結した。北朝鮮は強く反発した。

まさにこのとき、一〇月三一日、安倍晋三が第三次小泉改造内閣に官房長官として入閣した。一一月九日、日本政府の新しい顔となった安倍は、マスコミに対して「拉致被害者全員が帰国して初めて拉致問題の解決となる」と宣言した。安倍官房長官の初仕事は、「拉致問題その他北朝鮮当局による人権侵害問題への対処に関する法律」、北朝鮮人権法を成立させることであった。

拉致問題基本法ともいうべきこの法案は、二〇〇六年六月一六日に成立した。この法律は、拉致問題を「我が国の喫緊の国民的な課題」であるとし(第一条)、「国は、北朝鮮当局による国家的犯罪行為である日本国民の拉致の問題……を解決するために、最大限の努力をするものとする」と定め、拉致被害者の安否について「自ら徹底した調査を行い、その帰国の実現に最大限の努力をする」とした(第二条)。さらに「北朝鮮当局による人権侵害問題についての関心と認識を深めるため」「北朝鮮人権侵害問題啓発週間」を毎年一二月一〇～一六日に設けるとした(第四条)。

そして七月五日、北朝鮮がテポドン二号と見られる長距離ミサイル一発と単距離ミサイル六発の連射をおこなうと、安倍官房長官はかつてなく強硬な制裁措置をとることを推進した。翌六日、安全保障会議で決定したとして、万景峰号の入港禁止、チャーター便乗り入れの禁止、北朝鮮政府職員の入国禁止、日本からの渡航の自粛、ミサイル関連物資の輸出管理など、九項目の制裁措置を発表した。

安倍首相の誕生と拉致三原則

その勢いで安倍は九月の総裁選に出馬して、勝利した。二〇〇六年九月二六日、安倍内閣総理大臣が誕生した。

安倍新首相は、この日夜の記者会見で、自分の内閣は「美しい国づくり内閣」だと述べ、内閣に教育再生会議を設けるとの考えを示したが、初閣議で決めた「基本方針」の中心に置かれたのは、拉致問題について「対策本部を設け、専門の事務局を置き、総合的な対策を推進する」ということだった。組閣人事において、拉致問題担当大臣を新設し、さらに、中山恭子を拉致問題担当総理大臣補佐官に任命した。内閣発足の三日後、九月二九日には、首相を本部長、官房長官兼拉致問題担当大臣を副本部長とし、全閣僚を本部員とする「拉致問題対策本部」が設置された。まさに「美しい国づくり内閣」の素顔は「拉致問題対策内閣」であったのである。この日九月二九日の所信表明演説で安倍首相はあらためて次のように述べた。

拉致問題の解決なくして北朝鮮との国交正常化はありえません。……対話と圧力の方針の下、引き続き、拉致被害者が全員生存しているとの前提に立って、すべての拉致被害者の生還を強く求めていきます。

北朝鮮が一三人を拉致した、生存者五人とその家族を帰した、八人は死亡していると回答したのに対して、八人は全員生存していると判断して、全員の生還を求めていくという方針である。日本国家は北朝鮮が死んだと通告してきた八人について、いかなる生存の証拠のないまま、生存していると断定した。この判断に立って、北朝鮮の主張は偽りだと主張するなら、外交交渉はできない。これは圧力を加えて、金正日政権を屈服させる、崩壊させるという方針である。

この考えは、のちに打ち出される「拉致問題は我が国の最重要課題です」という宣言と結合され、安倍拉致三原則と定式化される安倍内閣の拉致問題対策の基本方針となる。三原則とは、①拉致問題はわが国の最重要課題である、②拉致問題の解決なくして、日朝国交正常化なし、③拉致被害者は全員生存している、被害者全員の奪還を求める、である。明らかに安倍首相は救う会会長佐藤勝巳の方針を日本国政府の方針として採用したのである。安倍三原則は、一二月の「北朝鮮人権侵害問題啓発週間」(一〇〜一六日)の開始にあたり、全国紙六紙での政府の意見広告によって宣言された(第Ⅰ部扉写真)。

拉致問題闘争本部のキャンペーン

年が明けて二〇〇七年一月五日には、首相の信任厚い漆間巌(うるまいわお)警察庁長官が記者会見で、「今年勝負に出なければならないのは北朝鮮による拉致問題だ。残る一一人の拉致被害者の帰国をサポートできるよう捜査に力を入れたい」と述べた。北朝鮮に圧力を加えるため、在日朝鮮人、朝鮮人団体絡みの捜査、立件に全力をあげ、ハラスメントを最高度にあげるという方針の表明であった。

拉致問題対策本部の活動はフル回転で動き出した。北朝鮮向け短波ラジオ放送はこの年七月九日から開始された。「ふるさとの風」という日本語放送と「イルボネパラム」(日本の風)という朝鮮語放送の二つで、毎日夜それぞれ五回ずつおこなわれている。プログラムは毎回次のような言葉で始まっている。

日本政府は、拉致問題は国家主権と国民の生命安全に関わる重大な問題であると考えています。その解決なくしては北朝鮮との国交正常化はないとの方針を決定、北朝鮮に対してすべての拉致被害者の安全確保と帰国を強く求めています。

国内向けには、拉致問題対策本部はこの年からアメリカで制作された映画『Abduction—The Yokota Megumi Story(めぐみ——引き裂かれた家族の三〇年)』(以下『めぐみ』)のビデオを買い上げて、全国で上映する活動を開始した。やがて、これは全国の中学校、高等学校にビデオを貸し出して生徒たちに鑑賞させる活動に展開された。国際的には、米国の政府、議会、メディアへの定期的な訪問、説明、各種パンフレットの各国語版による刊行、国際会議の定例開催などをおこなっている。

結局のところ、拉致問題対策本部の活動は、北朝鮮に対する非難のキャンペーンを国の内外において展開することであった。その意味では、これは拉致問題解決のための対策本部ではなく、拉致問題闘争本部と見るのが妥当である。

日本の警察は拉致被害者をより多く認定することにつとめたが、二〇〇五年四月に田中実について拉致認定を出したのに続いて、〇六年一一月に松本京子は拉致された被害者であると認定したにとどまった。これにより日本政府、日本警察の主張する拉致被害者の数は一七人となった。

救う会は二〇〇七年九月三〇日に採択した文書「家族会・救う会救出活動の成果と課題」で、自分たちの一〇年間の活動の成果を誇った。安倍内閣によって、「拉致問題が国政の最優先課題とされた」のは、「家族会・救う会が当初から目的としてきたことが実現したのだ」と評価し、「日米が、核と拉致の完全解決を掲げ、金正日の個人資金をターゲットにした制裁を強化していけば、北朝鮮権力最上層部の動揺を誘い、金正日独裁体制の弱体化、崩壊を促進できる」との展望をはばかることなく打ち出していた。

政権交代を経て国策化した安倍拉致三原則

だが、安倍首相は二〇〇七年になると参議院議員選挙にも惨敗し、健康状態が悪化して、九月に政権を投げ出すことになった。金正日政権の方はびくともしていないようであった。次の総理になったのは、安倍政策の批判者で、対北朝鮮政策において対話を重視する福田康夫であった。福田総理の意をうけた齋木昭隆アジア大洋州局長が二〇〇八年六月一一、一二日に北京で朝鮮側と交渉をおこない、合意にいたった。日本側は「今後は発言を自粛し、北朝鮮側を刺激せず、拉致問題を政略的に利用しない」ことを約束したようだ。それで、北朝鮮は拉致問題が解決済みだと主張しないことを明らかにし、再調査を約束して、よど号関係者の帰国をも調整するとした。日本側は公務員の往来禁止、チャーター便の不許可を解除し、人道支援のための北朝鮮船の入港を許可すると表明した。ところが、この発表の段階で日本の中で逆流が起こったことで、再調査の結果を見てこれらの制裁解除を実施すると後退したので、北朝鮮側は強く反発した。

その後、齋木局長はもう一度、八月一一、一二日に瀋陽で交渉することになった。日本側が「約束を守るのは福田内閣の方針だ」と言うので、新たな合意が結ばれたという。今度は北朝鮮側が再調査委員会の立ち上げを通知したら、日本側が公務員の往来禁止、チャーター便の不許可を解除するとの新しい合意ができた。

福田政権に替わると、救う会は動揺し、二〇〇八年には会の内部で権力闘争が起こった。代表の佐藤勝巳は支援者からの寄付一〇〇〇万円の私物化を問題にされ、七月代表職を追われた。佐藤のポストは一時弁護士の藤野義昭に移り、やがてナンバー2の西岡力に受け継がれた。佐藤はカムバックすることなく、二〇一三年に死亡する。「金正日政権打倒」が「五〇年ね、朝鮮問題に関係してきた結論です」という、彼の最後の言葉が青木理によって記録されている（『ルポ　拉致と人々』岩波書店、二〇一一年、八三頁）。

しかし福田も何事もなさないまま、二〇〇八年九月に政権を投げ出したので、次の麻生太郎内閣では安倍拉致三原則に立った対北朝鮮政策が復活した。さらに、二〇〇九年の政権交代により民主党政権の時代になったのに、安倍首相の対北朝鮮政策、安倍拉致三原則は国策化するというおどろくべき展開となるのである。鳩山由起夫内閣、菅直人内閣で拉致問題担当大臣をつとめた中井洽（ひろし）は、拉致問題対策本部予算を一二億円に引き上げ、高校無償化措置の対象から朝鮮高校をはずし、北朝鮮の女子サッカー・チームの入国をはばみ、黄長燁（ファンジャンヨプ）、金賢姫を国家の客として日本に招待して厚遇した。

この間に、家族会をかかえた救う会は日本でもっとも強力な圧力団体となった。これらの拉致問題支援団体の力を示したのは、二〇〇九年四月二五日にテレビ界の大物田原総一朗がテレビ放送の中で、横田めぐみ、有本恵子は「外務省も生きていないことはわかっているわけ」と発言したことを社会的懲罰の対象に指定し、民事訴訟に訴えさせて、一〇〇万円の罰金を支払わせたことであった。五月一一日、飯塚家族会代表、藤野義昭救う会会長名の抗議文が発され、記者会見がおこなわれた。「娘の生存を信じていのちがけで救出運動に取り組んでいる横田・有本両ご夫妻をはじめとする家族会・救う会が、過激な行動で異論を封じているかのように述べた」「貴殿の言動からは同胞である拉致被害者を助け出すという意思が全く感じられない」と田原を批判した。

この記者会見では、横田滋の次の発言が注目される。

死亡の証拠は何もないんです。客観的証拠がない限りは、生存を前提に行動するのが当然のことです。死んでいるのに交渉を引き延ばすためにやっているのであれば、とんでもないことです。家族としては真相を知りたい。もし本当に死亡しているのであれば受け入れるしかないのですが。政府には外務省も入っていますが、死んでるのが分かっているのに生きているとして交渉しているのであれば大変なことです。

まさにそういう「大変なこと」を政府も救う会も主張し、実行していたのである。救う会と家族会は田原からもテレビ局からも謝罪回答を出させたが、さらに放送倫理・番組向上機構（ＢＰＯ）の放送人権委員会に申し立て、決定を出させた。また有本恵子の両親に民事訴訟を起こさせ、精神的苦痛に対する慰謝料一〇〇万円を支払わせたのである。

野田政権下で再開した政府間協議

さすがに二〇一一年になると、東日本大地震が起こる中で、「拉致問題は我が国の最重要課題です」とは言いにくくなり、横田滋が北朝鮮との交渉を強力に求め始めた。中井拉致問題担当大臣も事態を静観しておれなくなり、あせった中井大臣は北朝鮮との接触を求める行動に出て、人々を驚かせた。他方、民主党内の重要人物城島光力も北朝鮮への民間支援をおこなっていたNGOレインボーブリッヂの小坂浩彰事務局長の助けを受けて、北朝鮮側と接触を試みていた。二〇一一年八月、三度目の北京で、北朝鮮居留民で敗戦後に北朝鮮で死んだ日本人の遺族の墓参問題を協議した。この問題を進めることで日朝間の交渉を再開することが考えられたのである。

二〇一一年九月二日菅内閣に代わって、野田佳彦新内閣が発足した。九月一一日に野田首相は家族会と会った。面会後、首相は九月中にもう一度家族会に会うと述べ、訪朝する決意を表明した。事態が動き始め、二〇一二年になると、レインボーブリッヂの小坂が北朝鮮側と連絡をとり、日本人の遺骨収集や墓参を目指す民間団体「全国清津会」の北朝鮮墓参が実現の方向に進んだ。二〇一二年二月三日、清津会の正木貞雄事務局長らが外務省に墓参のための訪朝を願い出て、外務省も積極的に対応した。今度は外務省が交渉再開へ動き出した。課長級予備協議が同年八月二九〜三一日北京で開催された。日本側の代表は小野啓一北東アジア課長で、北朝鮮側は劉成日(ユソンイル)外務省四局課長が出席した。日朝政府間協議(局長級会談)をできるかぎり早く北京で開催し、日朝双方が関心を有する事項を議題として幅広く協議することで合意した。

小野は二〇一〇年から北東アジア課長をつとめ、日韓、日朝の交渉に意欲を持っていた。外務省では、齋木昭隆が二〇一一年一月にインド大使に赴任した後、アジア大洋州局長は杉山晋輔となっていた。杉山が日朝交渉を推進したものと思われる。このような状況で、西岡力ら日朝交渉反対勢力には対抗するすべはなかった。

ここで野田内閣の第三次改造で、二〇一二年一〇月城島光力が財務大臣となった。この直後、朝鮮総連の働きかけで、野田首相の密使として民主党事務局長が訪朝している。一行は一〇月三〇日から一一月二日まで平壌に滞在した。話題の中心は総連会館の競売問題であった。

正式の政府間協議がついに二〇一二年一一月一五、一六日モンゴル・ウランバートルで開催された。日本側は杉山アジア大洋州局長、北朝鮮側は宋日昊朝日国交正常化交渉担当大使であった。一一時間半にわたった協議について、公文は、「双方が関心を有する諸懸案について、日朝平壌宣言に則って日朝関係の前進を図るべく、幅広い意見交換を真剣な雰囲気の下で行った」と伝えている。日本側は、「日本人遺骨、残留日本人、いわゆる日本人配偶者、「よど号」事件をはじめとする日本人にかかる諸問題を提起し、北朝鮮側はこれらの問題につき協力していくこととした」。さらに拉致問題については、突っ込んだ意見交換を行い、これまでの経緯やそれぞれの考え方についての議論を踏まえた上で、「さらなる検討のため今後も協議を継続していくことで一致した。また、その他の拉致の疑いが排除されない方々の件についても日本側から提起し、議論を行った」という。他方で、「北朝鮮側は、過去に起因する問題について提起し、日本側は日朝平壌宣言に則って解決を図る意思を表明し、今後双方の間で誠実に協議を行っていくことで一致した」。また安全保障にかかる問題についても、議論を深めることで一致した。

だが、交渉再開の展望が開かれた矢先、またもや野田政権は解散に追い込まれ、一二月一六日の総選挙で再生安倍自民党に惨敗して、下野してしまうのである。

第二次安倍政権の彷徨とストックホルム合意

二〇一二年一二月二六日に安倍晋三が再度総理大臣となった。二日後、家族会の訪問を受けた安倍首相は「私がもう一度総理になれたのは、なんとか拉致問題を解決したいという使命感によるものだ」と虚言を吐かざるをえなかった。そして、外務省が民主党政権時代に進めていた日朝交渉再開の動きに承認を与えた。二〇一四年三月にはウランバートルでの横田夫妻と横田めぐみの娘であるキム・ウンギョン一家との面会が実現され、五月にはストックホルム協議が始まった。

五月二八日、伊原純一アジア大洋州局長と小野啓一北東アジア課長は画期的なストックホルム合意書をとりまとめた。渡航朝鮮人に同行した日本人妻、亡命者などを含め、すべての在朝日本人を調査する中で拉致被害者についても三回目の調査をおこなうことを、北朝鮮が同意したのである。北朝鮮は新しく調査委員会を設置して、活動を始めた。だが九月一九日になると、安倍首相は「最初の報告の期限が来た。確実な回答がほしい」と言い出した。他の日本人のことはどうでもいい、拉致問題について早く報告せよと圧力をかけたのだろう。

年が明けて二〇一五年三月二六日、朝鮮総連議長の次男が、禁止されている朝鮮産マツタケの輸入にかかわったという容疑をかけられ、逮捕されるとともに、総連議長宅、副議長宅が家宅捜索を受けるという事態が起こった。三月三一日、日本政府は継続している制裁の期間延長を決定したと発表した。四月二日、北朝鮮政府は「日本の重大な政治的挑発と国家主権侵害行為が度を越している」として「このような状態では、……政府間対話もできなくなっている」との「通知文」を日本政府に送った。六月一七日、共同通信が、春におこなわれた非公式協議で北朝鮮側が遺骨問題や日本人妻の問題について報告書を示したが、拉致問題については「調査中」とされていたので、日本側は受け取りを拒否したのだという話を報じた。七月三日、ついに安倍首相は、在朝日本人についての調査報告を北朝鮮は延期すると日本側に連絡してきたと、衆議院平和安全法制特別委員会で述べた。これが、ストックホルム合意の解消の確認であったようだ。

ストックホルム合意の実践はどうなってしまったのか、政府は何も説明せず、国民には何もわからずに、日朝関係は再び対立と対決の関係に戻ってしまったのである。

真実が明らかになったのは、二〇二二年七月の安倍元総理の狙撃死の後である。二〇一四〜一五年当時外務次官となっていた齋木昭隆が九月一七日、朝日新聞記者の質問に答えて、次のように述べたのである。

北朝鮮からの調査報告の中に、そうした情報が入っていたというのは、その通りです。ただ、それ以外に新しい内容がなかったので、報告書は受け取りませんでした。

「そうした情報が入っていた」というのは、北朝鮮に田中実という人物が生きているということが書かれていたことを指しているが、ここでのポイントは「新しい内容がなかったので、報告書は受け取りませんでした」ということである。北朝鮮は、おそらく二〇一五年三月頃に中間報告を日本側に示したのであろう。しかし、八人が死亡、二人は入境せずという点を確認した内容の報告であったので、日本政府は受け取りの拒否を交渉担当者に命じたのだ。一五年六月の共同通信の報道はそのことを伝えたものであったと考えられる。そうすると、総連議長の次男の逮捕や制裁の期間延長は、日本側が気に入らない内容の報告は受けとらないという、日本政府の強硬態度のあらわれであったと考えるのが妥当であろう。

つまり、拉致問題に関する中間報告を日本政府が要求した結果、二〇一五年春に北朝鮮から出された報告は、田中実の生存情報を含んでいたが、八人死亡、二人は入境せずという結論に変化はなかった。そこで安倍首相は報告書の受け取りを許さず、最終的に日朝交渉を決裂に導いた。そして、この交渉幕引きの真実は完全に隠されたのである。

5　戦争の危機から米朝首脳会談へ、さらにその決裂へ

日朝関係の断絶、激化する米朝対立

二〇一六年一月六日、北朝鮮は第四回核実験をおこなった。これは水爆実験だと発表された。二月七日には人工衛星ロケット「光明星四号」が発射された。日本政府は二月一〇日、部分解除していた独自制裁を全面的に復活し、在日ミサイル技術者の再入国禁止や北朝鮮に寄港した第三国船舶の入港禁止などの新規制裁を決定した。これに対して、朝鮮中央通信は二月一二日、日本がストックホルム合意の破棄を宣言したので、調査を中止し、特別調査委員会を解体するとの委

員会の声明を伝えた。

いまや日朝関係は完全な断絶状態に戻った。そして米朝対立は激化の一途をたどることになった。北朝鮮は核実験を繰り返し、ミサイル試射のテンポがみるみるうちに上がっていき、米国と国連安全保障理事会が打ち出す制裁は次々に攻撃的になっていったのである。

二〇一六年九月九日、北朝鮮は第五回の核実験をおこなった。年が替わって、二〇一七年二月には、中距離ミサイルが一発発射されたが、三月六日には、北朝鮮は中距離ミサイル四発を発射し、秋田沖三〇〇キロの日本の排他的経済水域(EEZ)内に三発を落下させた。翌七日、朝鮮中央通信は、このたびの発射は「不測の事態が起きた場合、日本に駐留する米国帝国主義者の敵軍部隊の基地を攻撃する任務にあたる」砲兵部隊によって実施されたと発表した。米朝が戦争状態に入れば、北朝鮮は在日米軍基地をミサイル攻撃すると明言したのである。

九月三日北朝鮮は第六回核実験をおこなった。安倍首相はただちにトランプ大統領と電話会談をおこない、北朝鮮の「暴挙」に対して日米が「団結して対応」することを確認した。二人は国連総会で演説した。トランプ大統領は九月一九日に、米国は「強いられれば、北朝鮮を全的に破滅させる(totally destroy North Korea)以外の選択肢はなくなる」と宣言した。安倍首相は二一日に、北朝鮮に核・ミサイル計画を放棄させるため、「「あらゆるオプションがテーブルの上にある」という米国の姿勢を日本は一貫して支持する」と演説した。日本政府は、米国が戦争の威嚇により北朝鮮を屈服させようとするのを支持し、有事の際は米国と行動をともにするという決意を表明したのである。

安倍首相による「国難突破」解散

帰国した安倍首相は、「国難突破解散」を断行した。何が国難かを説明せず、そこで日本はどうするのかということも説明せず、この選挙をおこない、勝利すると、自分の対北朝鮮対決政策に国民の白紙委任をとりつけたとした。当然だが、このとき安倍首相はひそかに、自衛隊の制服組のトップに、米軍が北朝鮮に対して軍事作戦をとる場合、「安保法制の下で自衛隊がどう動くか」を検討準備させていたのである。当時の自衛隊統合幕僚長河野克俊が、ダンフォード統合参謀本部議長、ハリス太平洋軍司令官と常時連絡し、自衛隊の作戦を準備していたと、のち二〇一九年になって明らかにしている(朝日新聞二〇一九年五月一七日)。

一一月トランプ大統領は日本、韓国を訪問し、横田基地で米軍兵士、自衛隊員二〇〇〇人を集め、「圧倒的な能力を行使する用意がある」と宣言すると、安倍首相は首脳会談後の記者会見で、「日米が一〇〇%共にあることを力強く確認した」と表明した。トランプ大統領は日本から韓国へ赴き、韓国国会の演壇から、北朝鮮は「地獄以下」、北朝鮮の国民は「奴隷よりも悪い」と攻撃し、北朝鮮政権に核開発政策の全面放棄、屈服を要求した。トランプ大統領がソウルを離れた後、日本海では米空母三隻が参加した米韓海軍合同演習がおこなわれた。これはありうべき米朝戦争を見通したぎりぎりの威嚇であった。これに対して、北朝鮮は一一月二九日、ＩＣＢＭ火星一五号を発射し、「核戦力完成の大業」を成就したと宣言した。日本海での米朝戦争の危機が最大限に高まった瞬間だった。

文在寅大統領のイニシアティヴとトランプ大統領の決断

この深刻な危機の中で文在寅(ムンジェイン)大統領の戦争を許さないイニシアティヴが効果を発揮した。核戦争の闇を見た金正恩委員長も踏みとどまって、二〇一八年元旦、新年の演説で平昌(ピョンチャン)オリンピック参加を表明したのだ。二月の平昌オリンピックには委員長の妹金与正(キムヨジョン)ら、北朝鮮の代表が参加した。金与正は文在寅大統領に南北首脳会談の提案を盛り込んだ金正恩の親書を手渡した。三月五日文大統領の特使団が訪朝し、金委員長と会談し、南北首脳会談の開催で合意した。さらに大統領特使団は金委員長から米朝首脳会談の提案を聞き、ただちに米国に赴き、トランプ大統領にこれを伝えた。三月八日、トランプ大統領は金正恩提案を聞き、承諾することを即答した。

このニュースは世界を驚かせたが、安倍首相には二重の衝撃を与えることになった。文大統領が米朝戦争回避のために米朝首脳の対話を仲介するという大きな働きをしたこと、さらに、トランプ大統領が自分に相談なく、首脳会談をおこなうと即答したこと、この二つが大きな驚きであったであろう。安倍の反射的な反応は、制裁の堅持と拉致問題の提起であった。三月九日朝、安倍首相はトランプ大統領と電話会談をおこない、「完全な、検証可能な、不可逆的非核化(CVID)」に向けて、「最大限の圧力」をかけ続ける必要があると述べるとともに、拉致問題の解決に向けての協力を大統領に要請したと言われている。

まさにこの時点で、拉致問題対策本部か、あるいは安倍首相の周辺からか、北朝鮮が、拉致被害者の一人である田中実が平壌に生存していると知らせてきたことが共同通信にリークされ、共同通信が二〇一八年三月一六日に配信した。その情報は、一四年五月のストックホルム合意の前に日本に伝えられていたと報道された。数日後には、田中と同じラーメン店で働いていた金田龍光が平壌に生きているが、帰国を望んでいないということも報道された。三月二八日には、国会で立憲民主党有田芳生参議院議員によって質問されたが、安倍首相は答弁を拒否した。

米朝首脳会談は、六月一二日開催と決定された。四月一六日、安倍首相は訪米し、トランプ大統領に「最大限の圧力をかけ続ける方針」を強調し、確認をとるとともに、首脳会談で拉致問題を提起することを要請した。さらに首相は六月七日に再び訪米し、大統領に、北が非核化に向けた具体的行動をとるまでは制裁は解除しないとの方針を再確認し、首脳会談で拉致問題をとりあげることを三度求めた。しかしさすがに今度は、自分も金委員長に会うつもりだ、と言い添えざるをえなかった。この間の安倍氏のトランプ大統領説得の様子については、首脳会談に反対であったボルトン大統領補佐官の回想（『ジョン・ボルトン回顧録　トランプ大統領との453日』朝日新聞出版、二〇二〇年）に活写されている。ボルトンにとって安倍の拉致問題の提起は米朝接近を食い止める牽制となり、ありがたい援助だったのである。

二〇一八年六月一二日、トランプ大統領と金正恩委員長の首脳会談がシンガポールで開かれた。この米朝首脳会談は平和プロセスを開いたと思われた。両首脳は、全世界の人々の眼前で米朝戦争の回避を誓約した。トランプ大統領は「朝鮮に安全の保証をあたえ」るとし、金正恩委員長は、「朝鮮半島の完全な非核化に向けた堅固で揺るぎない決心を再確認し」、共同声明を発表した。

安倍首相はこの結果についてはその意義を評価するという意見をいくたびか表明したが、総じて冷めた態度をとり続けた。九月一四日、自民党総裁選の候補者に聞く記者会見で無遠慮な質問が安倍に向けられた。拉致問題の解決について、「安倍さんがずっと全員奪還、生きて奪還とおっしゃった」ことについて、「本当に確証があったのかどうか」と質問された安倍は、「死亡したという確証を彼らは出していないわけです。彼らが送ってきた遺骨は実は違った。であるならば政府としては、生きてるということを前提に交渉するのは当たり前じゃありませんか」と答えた。交渉は進んでいるかと訊かれたのに対しては、「先般、米朝首脳会談がおこなわれました。そこで拉致問題について私の考え方を金正恩委員長に伝えました」。これは、正しくは「伝えてもらった」だろう。「次は、私自身が金正恩委員長と向き合い、この問題を解決しなければならないと決意しています」と述べたので、「進んでるんですか」と突っ込まれた。これに対しては、「今、どういう交渉しているかということはもちろん申し上げられませんし、どういう接触をしてるかということも申し上げることはできませんが、あらゆるチャンスを逃さないという考え方のもとに進めていきたいと思ってます」と逃げた。

実際には、安倍は金正恩と会うためにいかなる努力もおこなっている様子がなかった。そして、米朝首脳会談は二度目のハノイ会談(二〇一九年二月二七、二八日)で決裂した。ボルトンと安倍の協力による牽制がついに効を奏したのである。

対北朝鮮闘争体制のまま拉致問題を解決するという空誓文

安倍首相の対北朝鮮政策の最終版は二〇一九年一月二八日、平成最後の国会での所信表明演説で示された。「平成の、その先の時代に向かって、日本外交の新たな地平を切り拓く」、今こそ「戦後日本外交の総決算」をおこなうと宣言した演説であった。安全保障環境は「激変」した。これまでの延長線上の政策では対応できない。六年間「積極的平和主義」の旗のもとですすめてきた「地球儀俯瞰外交の総仕上げ」を目指していくと言い切った。

隣国関係については、日中関係は正常な軌道に戻したので、新段階へ押し上げる、ロシアとは平和条約交渉を加速化するとして、北朝鮮に向けては新しい対話の方針を提示したように見えた。

北朝鮮の核、ミサイル、そして最も重要な拉致問題の解決に向けて、相互不信の殻を破り、次は私自身が金正恩委員長と直接向き合い、あらゆるチャンスを逃すことなく、果断に行動いたします。北朝鮮との不幸な過去を清算し、国交正常化を目指します。そのために、米国や韓国をはじめ国際社会と緊密に連携してまいります。

これは、拉致三原則にもとづく対北朝鮮闘争体制をそのままにして、口先では拉致問題の解決のために金正恩との会談を追求するという、実行する気のない積極姿勢を掲げる政治サーカスのポーズを示したものであった。

その表明は、二〇二〇年秋に安倍の後を受け継いだ菅義偉首相によって同じ言葉で繰り返され、二〇二一年に菅の後を受け継いだ岸田文雄首相によっても同じ言葉で繰り返された。政府のやること、やれることは、首相以下全閣僚が胸にブルーリボン・バッジをつけることだけである。これは「拉致被害者全員を帰せ」というスローガンを表す救う会のバッジである。

そして二〇二二年七月、安倍晋三元首相は怒りに燃える統一教会（現世界平和統一家庭連合）信者二世の青年、元海上自衛隊員によって手製銃で撃たれ、絶命した。その後で、安倍首相に仕えた官僚が口を開いた。先に触れた、二〇二二年九月一七日、朝日新聞記者の質問に答えた二〇一五年当時の外務次官齋木昭隆の発言である。ストックホルム合意による調査の報告書は「新しい内容がなかったので、報告書は受け取りませんでした」という、日本政府がストックホルム合意を反故にしたという決定的な告白であるにもかかわらず、聞いた朝日新聞はこのことを本紙に報道せず、デジタル版（二〇二二年九月一七日）でのみ記録したのであった。

岸田政府は同年九月二七日、国葬をもって安倍元首相を弔った。その席で岸田首相は安倍の政治の原点が拉致問題にあるとし、「あなたの遺志を継ぎ、一日千秋の思いで待つご家族のもとに、拉致被害者が帰ってくることができるよう、全力を尽くす所存です」と誓った。しかし、岸田首相は安倍に忠実に北朝鮮敵視政策を続け、日朝交渉を再開する気持はまったく持とうとしていない。ただブルーリボン・バッジをつけるだけである。

しかし、この欺瞞的政策の矛盾は時とともに深まっていく。同じ空誓文を繰り返すだけではすまなくなった岸田首相は二〇二三年五月二七日、「全拉致被害者の即時一括帰国を求める国民大集会」（司会櫻井よしこ）で演説した際に、「首脳会談を早期に実現すべく、私直轄のハイレベルで協議を行っていきたいと考えております」と口をすべらせた。これを聞いて、さては政府は何かルートを探り、交渉再開の準備をしているのかと色めき立つ人も出た。しかし、そんなものは何もないだろう。五月二九日、北朝鮮の外務次官朴尚吉(パクサンギル)が次のような意味深い談話を発した。

現在日本は「前提条件のない首脳会談」について述べているが、実際は既に解決済みの拉致問題とわが国家の自衛権について何らかの問題解決を云々し、朝日関係改善の前提条件に掲げている。

もし他の代案と歴史を変える勇断がなく、これまでの政権の方式で実現不可能な欲望を解決しようと試みるのであれば、それは誤算であり、無駄な時間の浪費になるであろう。過ぎ去った過去に必死にしがみついていては、未来に向かって前進できない。

もし、日本が過去に縛られずに変化した国際的な流れと時代にふさわしい互いをありのまま認める大局的な姿勢であらたな決断を下し、関係改善の活路を模索しようとするなら、朝日両国が互いに会えない理由がないというのが朝鮮政府の立場である。日本は言葉でなく、実践行動で問題解決の意志をしめさなければならない(朝鮮中央通信)。

朝鮮民主主義人民共和国政府は核武装をした上で、日本が拉致問題についての考えを変え、日朝関係改善を求める大局的な決断を下すのなら、日本と国交正常化することを望んでいると表明しているのである。

第2章 拉致問題の真実とその解決の道

日朝交渉三〇年検証会議
和田春樹

あらためて日本政府が公認している拉致被害者一七人のプロフィールを整理し、その人々が拉致された状況を確認し、その人々を拉致した北朝鮮側の意図を考えてみよう。

1　一七人はいかにして拉致されたか

「背乗り」のために拉致された久米裕

最初の人は三鷹市役所の警備員、久米裕である。一九二五年二月一七日、静岡県小笠郡で生まれた。事件当時は五二歳であった。『週刊朝日』八五年七月一九日号の記事によると、「久米さんは……旧制掛川中学を卒業後、昭和二〇年に陸軍兵器学校に入り、そこで終戦を迎えた。その後、伊東市役所に五年間勤めたが、二五年に詐欺で懲役一年五カ月の刑に服すなど、詐欺三件、暴力行為、窃盗の前科前歴五件がある。土建、運送、金融関係などの会社を転々とし、五一年の二月に「Hビルサービス」で働くようになり、そこから三鷹市役所に派遣されていた」。結婚したが、離婚していた。家族はなかったという。社会の底辺に生きていた不幸な人であった。

この人に在日朝鮮人のサラ金業者Aが接近した。彼は北朝鮮から来た工作員の指令で、拉致すべき対象者を捜していた。Aは久米に何度か金を貸して親しくなり、密貿易の片棒をかつがないかと誘って同意を得た。その上で、Aは久米に戸籍謄本二通を取らせ、一九七七年九月一九日、石川県能都町(現能登町)の宇出津海岸へ連れて行って、北の工作船に乗せたのである。Aは旅館に引き上げたところ、旅館の主人の通報で駆けつけた地元警察に逮捕され、全面自供した。Aの逮捕は彼に命令を出していた北朝鮮の工作員の知るところとなり、当然北朝鮮へ報告されたであろう。

久米が戸籍謄本二通をもって、工作船に乗ったというところを見ると、久米の拉致は、北の工作員が久米になりすまして、日本政府発行のパスポートを取得するために企てられたことが明らかである。通常、工作員のためのパスポートは偽造される。しかし、特に重要な使命をおびた工作員には特別なパスポートが用意される。日本人を拉致してその人間になりすまし、工作員の写真を提出して、パスポートの本人申請をするのである。この世界の言葉では、「背乗り(はいの)」と言われている行為である。

この場合、久米本人を日本から消すことが絶対条件である。だから、拉致する必要があるのだが、拉致した後は、その拉致被害者を生かしておく必要がない。その意味で「背乗り」の拉致はきわめて残酷な行為であって、基本的に殺害にひとしいと言える。

北朝鮮側は、久米について、一貫して入境していないと回答している。久米裕は現在生きていれば、九九歳である。

横田めぐみ　目的の見えない拉致

二人目の拉致被害者は、横田めぐみである。一九七七年一一月一五日、新潟市海岸近くで拉致された。彼女は一九六四年一〇月五日、名古屋市の生まれで、当時は一三歳、新潟市立寄居中学一年生であった。父は横田滋、日本銀行職員で、母は早紀江、弟の拓也、哲也は双子であった。

両親は突如行方不明になった娘の捜索を必死におこなった。公開捜査に切り替えられると、新潟日報は一九七七年一一月二二日に「女子中学生帰らず／下校途中／すでに一週間」という大きな記事をのせて、捜索に協力を呼びかけた。しかし、横田めぐみの行方はわからず、両親も八三年には転勤で新潟を去っていった。

九七年一月になって、横田めぐみ失踪事件は北朝鮮による拉致事件と判断するとの発表を現代コリア研究所長佐藤勝巳がおこない、これに続いて亡命北朝鮮工作員安明進が北朝鮮で横田めぐみを見たと証言するにいたって、事件は裏書きされ、政府の認定にも加えられた。横田めぐみは拉致被害者の象徴となり、両親は拉致被害者救出運動を代表するパーソナリティとなった。

一三歳の中学生横田めぐみの拉致は、いかなる目的も考えられない、乱暴な犯罪であることから、意識的なオペレーションであったとは考えられない。出会いがしらの拉致、誰でもいいから一人拉致してみるというような行為、拉致ができることを試す試験的な行為であったと考えられる。それだけにいっそう罪深い行為である。結果として、一三歳の少女を拉致したことが北朝鮮にとって大きな重荷を背負うことになったのである。

二〇〇二年に北朝鮮は、横田めぐみの拉致について、「工作員が学校から帰宅途中の本人に会った。工作員は身辺の露出の危険性を感じ、露出を防ぐために同女を拉致した」と説明したが、この説明は信じられない。

蓮池薫は雑誌『世界』への連載寄稿「「拉致問題」風化に抗して」の中で、横田めぐみの拉致は計画的なものであったと考えるとして、その根拠として、めぐみの拉致の三〇分ほど前に近隣の通りで女子高校生が二人の男性に追い回され、辛うじて家に逃げ込んだという事件が発生していたことをあげ、同一犯が一度失敗した後に二度目に拉致に成功したのではないかと主張している（『世界』二〇二三年七月号、二二四〜二二八頁）。しかし、このことから工作員が目的意識を持って横田めぐみを拉致したと結論することは難しいのではないだろうか。

田口八重子　工作員への特殊な教育者

三人目の被害者は田口八重子である。北朝鮮の通報によれば、一九七八年六月二九日、宮崎市青島海岸で北の工作船に乗ったとされているが、日本側ではこのことは確認されていない。田口八重子は一九五五年八月一〇日、埼玉県川口市で生まれた。事件当時二二歳であった。彼女はすでに二児の母で、離婚して働いて子どもを育てているシングル・マザーであった。池袋のキャバレー「ハリウッド」のホステスをしていた。その彼女が二人の子を高田馬場のベビーホテルに預けたまま、客の朝鮮人工作員とともに旅に出て、そのまま北朝鮮へ赴いたのである。

田口は離婚した夫の姓をそのまま使っているもので、結婚前の旧姓は飯塚であった。長兄飯塚繁雄は日産ディーゼル社の社員であった。繁雄は田口八重子の事件が明らかになると、八重子の息子耕一郎を自分の養子として育てる決意をし、娘は妹に引き取らせた。八重子の事件との関係を断って、子どもたちを守ろうとしたのである。飯塚家は家族会とは長く関わりをもたなかったが、二〇〇二年にいたって家族会に参加するようになった。飯塚繁雄は二〇〇六年、横田滋の後をうけて、第二代の家族会代表をつとめることになったが、二〇二一年に死亡した。

大韓航空機爆破事件の犯人金賢姫は、田口八重子から日本人化教育を受けた、と回想録『忘れられない女――李恩恵先生との二十ヵ月』に書いている。北朝鮮の工作員には特殊な職業を持つ日本人になるという訓練がなされていたと考えられるので、キャバレーでホステスとして働いていた田口八重子が北朝鮮に連れて行かれたとすれば、潜入する工作員にキャバレーのホステスとなって情報収集をするための教育係として拉致されたと考えるのが自然である。金賢姫の本ではそのことがまったく書かれていないが、当局の狙いはそこにあったと考えて間違いないだろう。

一般に日本語を教えるとか、日本人一般の生活習慣を教えるということなら、北朝鮮にはそれにふさわしい日本人、あるいは帰国した在日朝鮮人は少なくないであろう。したがって、拉致の第二の目的は、北朝鮮の工作員に特殊な職業を持つ日本人になるための教育をおこなう、専門的な教育係を得るということだったと考えられる。田口八重子は現在生きていれば、六八歳である。

男女アベック四組の拉致

拉致のオペレーションは一九七八年に入って、日本全国において大々的におこなわれた。具体的に言えば、一九七八年七月から八月にかけて、男女アベックの四組の拉致が実行され、うち三組が成功し、一組は未遂に終わったのである。

四人目の被害者は地村保志、五人目は浜本富貴恵である。二人は福井県小浜市内の公園で会っていたところ、一九七八年七月七日に北朝鮮の工作員に暴力的に拉致された。工作員の中に辛光洙がいたと言われる。地村保志は一九五五年六月四日、福井県小浜市生まれ、当時二三歳、高校を卒業して、大工見習いとして働いていた。浜本富貴恵は一九五五年六月八日、小浜市生まれ、当時二三歳で、衣料品店の店員として働いていた。

六人目の被害者は蓮池薫、七人目の被害者は奥土祐木子である。二人は新潟県柏崎市海岸で会っていたところ、一九七八年七月三一日に同じく暴力的に拉致された。蓮池薫は一九五七年九月二九日、柏崎市生まれで、当時二〇歳、中央大学の三年生であった。奥土祐木子は一九五六年四月一五日、柏崎市生まれ、当時二二歳、カネボウ化粧品会社の社員であった。

八人目の被害者は市川修一、九人目の被害者は増元るみ子である。二人は、一九七八年八月一二日、車でドライブをして、鹿児島県吹上浜海浜公園の海岸で夕日を眺めるために出かけたところ、同じく暴力的に拉致された。キャンプ場の近くに市川修一の乗用車が残された。市川修一は一九五四年一〇月二七日、鹿児島市生まれ、当時二三歳、日本電信電話公社の職員であった。増元るみ子は一九五三年一一月一日、鹿児島市生まれ、当時二四歳で、会社の事務員をしていた。

なお三日後の八月一五日に、富山県の海岸でもアベック拉致が企てられたが、未遂に終わった。このようにアベック拉致が四件、八人の人々の拉致が一斉におこなわれたのである。

これらのアベック拉致が実行されたのは、日本ないし韓国での工作のために必要な人材を獲得し、教育し、工作員として養成するためであったと考えられる。そのためには教育可能な青年を拉致することが望ましかった。さらに北朝鮮で落ち着いて仕事をさせるためには夫婦でいた方がいいし、北朝鮮から外国に出して仕事をさせるには、北朝鮮に配偶者と子どもを残しておけば必ず戻ってくるであろう。だから、結婚しそうな、夫婦になる可能性の高い男女のペアを一緒に拉致するという作戦が考えられたようだ。これは卓抜なアイデアだと有頂天になり、一斉にアベック拉致、ペア拉致を実行したように見える。しかし、日本から青年男女を暴力的に拉致してきて説得教育すれば、北朝鮮のために働く人材にできるというのはうぬぼれた構想であり、思い上がった幻想に立つ作戦であった。

有田芳生は、地村保志が日本の政府筋に語った次のような言葉を伝えている。一九七九年一月頃に、「自分達は学校に送られて工作員としての訓練を受けるということだった。しかし、四月頃にはその話が突然取り止めになった」(『北朝鮮　拉致問題――極秘文書から見える真実』(集英社新書、二〇二二年、六〇頁)。これがどういう事情によるものであるかは明らかになっていない。いずれにしても、地村、蓮池両人に対してどのような教育がなされ、訓練がなされたかは明らかにされていない。この二人を工作員として訓練するということもなされたようではない。この二人が自分のしていた仕事について述べたのは、蓮池薫が雑誌『世界』の連載の中でちらりと「私は工作員に対する日本語教育をさせられていた」と触れているだけである(『世界』二〇二三年五月号、一七六頁)。

外国人滞在者の配偶者となった曽我ひとみ

四組のアベック拉致がおこなわれたと同時期に、一〇人目の被害者曽我ひとみと一一人目の被害者、母の曽我ミヨシが暴力的に拉致された。一九七八年八月一二日、新潟県佐渡島の真野町で、母子で買い物に出かけた際に複数の男たちに襲われ、暴力的に拉致された。曽我ひとみは一九五九年五月一七日生まれで当時一九歳、佐渡総合病院の看護師であった。一緒に姿を消した母の曽我ミヨシは一九三一年一二月二八日生まれで、当時四六歳であった。夫曽我茂との間に二人の娘を得ていた。ひとみは長女である。妻と娘が行方不明になったことで、夫は大きな衝撃を受けたはずだが、なぜか酒浸りの生活をおくり、消えた家族をさがす努力を熱心におこなった様子がない。

ところで、曽我母子の拉致は、アベック拉致という基本方針からは外れている。この点で考え合わせられるべきは、同じ時期になされたレバノンの四女性の獲得工作である。この件については高世仁の取材報告(『拉致　北朝鮮の国家犯罪』講談社文庫、二〇〇二年、第七章)と曽我ひとみの夫チャールズ・ジェンキンスの回想『告白』(角川書店、二〇〇五年)が最も信頼できる。

一九七八年七月、北朝鮮の要員が日本企業日立製作所で働く秘書を募集しているといって、四人のレバノン人女性を誘い出し、北朝鮮に連れて行った。彼女たちには工作員に仕立てるための訓練が施されたと語られているが、その後の成り行きから見て、亡命した米国兵士四人に配偶者を提供するために最初から企てられた詐欺誘拐、事実上の拉致であったと見るのが妥当である。

このレバノンからの四女性の獲得工作と全く同時期になされたのが、曽我親子の拉致事件である。そうなれば、レバノンと日本から五人の若い女性が花嫁候補として獲得されたということになる。事実、レバノンからの一人が米兵と結婚したが、その女性は一年後に北朝鮮からの脱出を果たした。しかし、彼女の親は娘が妊娠していることを知ると、北朝鮮に戻ることを促したのである。レバノン人女性に関心を示さなかった脱走米兵ジェンキンスは一九八〇年に曽我ひとみと会い、大層気に入って結婚した。彼は一九六五年一月、在韓米軍兵士として軍事境界線に勤務していたとき(当時二五歳)、ベトナム戦争に派遣されるとの命令を拒否して脱走し、北朝鮮に亡命した。残る米兵二名はさらに北朝鮮が拉致獲得したルーマニア人とタイ人の女性と結婚した。外国人滞在者に配偶者をあっせんすることが拉致の第三の目的であったと見ることができる。

若い日本人女性を拉致して配偶者に仕立てるという方針からすれば、曽我ひとみを拉致することに意欲があったので、母のミヨシをも拉致したのは余計な行為であったのだろう。しかし、二人で一緒に歩いていた女性を拉致するとして、一人は年配だから逃がすということはありえないだろう。そこに残酷な悲劇がひそんでいる。

ヨーロッパから若い学生を勧誘

一九八〇年代に入ると、ヨーロッパで北朝鮮の工作員が日本人の旅行者に接近し、北朝鮮訪問を勧誘した結果、北朝鮮に赴く人が現れた。この工作員は、日本からの拉致を進めてきた朝鮮労働党対外情報調査部ではなく、労働党対外連絡部に所属する要員であった。一九八〇年五月、スペインのマドリッドで、二人の日本人旅行者が別々に工作員に勧誘されて北朝鮮へ赴いた。札幌市出身の石岡亨は一九五七年六月二九日生まれで当時二二歳、日本大学学生で、ヨーロッパを旅行していた。いま一人、松木薫は一九五三年六月一三日鹿児島県に生まれ、熊本県で成長した京都外国語大学大学院生であった。二六歳になっており、スペインで論文のための資料集めをしていた。北朝鮮側の説明では、二人は北朝鮮に来て北朝鮮に興味を持ち、滞在して働くことに同意したという。それが正しければ、拉致された被害者というわけではないのだが、北朝鮮側が二〇〇二年に拉致と認めたので、一二人目と一三人目の拉致被害者となった。対外連絡部としては、すでに傘下に抱えている日本人亡命者の協力者を増やすために、この人々を誘いこんだのであろう。

辛光洙に拉致された原敕晁

一四人目の被害者となったのが、原敕晁である。原は一九三六年八月二日生まれで、本籍は島根県松江市だが、生まれたのは宮崎市である。大阪府で在日朝鮮人の大阪府商工会理事長が経営する中華料理店「宝海楼」でコックをしていた。原は身寄りがない人間で、孤独であった。八〇年六月一七日、当時四三歳の原は工作員辛光洙によって宮崎県の青島海岸に誘い出され、北朝鮮の工作船に乗せられた。当時五一歳の辛光洙は自分が原になりすまして、日本政府発行のパスポートを取るために、年齢の近い原に戸籍謄本を持たせて、北朝鮮へ連れ出したのである。

辛光洙は一九二九年静岡県浜名湖の周辺で生まれ、事件当時は五一歳であった。辛の一家は解放後に韓国へ帰ったが、朝鮮戦争が起こると、二〇歳の辛光洙は朝鮮人民軍に身を投じ、撤退する軍隊とともに北朝鮮へ行ってしまった。南に残った兄弟は韓国軍の将校になったので、兄弟で北と南に分かれて戦うということになったのである。辛光洙は北朝鮮では優秀さを認められ、ルーマニアのブカレスト工科大学機械学部に留学して、機械技師の資格を得て帰国した。本来なら機械技師として活躍するつもりだったが、帰国後にスカウトされて朝鮮労働党対外情報調査部所属の工作員にさせられてしまった。歴史の中で越境を繰り返し、それを国家に利用された朝鮮人の苦難の運命の象徴のような人物である。一九七三年に最初に日本に潜入し、七六年に帰国した。七八年頃には横田めぐみ、曽我ひとみの教育係をしていることがわかっている。八〇年に再び日本に来て原敕晁を拉致し、同年一一月日本に戻り、原名義のパスポートを獲得した。一九八五年二月初めに原のパスポートではじめて韓国に入国したが、数日後にソウルで逮捕されてしまった。裁判では死刑の判決を受けたが、減刑され、終身刑で服役した。辛光洙は一五年服役したところで、二〇〇〇年九月、非転向長期囚六三人の一人として、金大中大統領の決定で北朝鮮に引き渡された。日本の警察は、辛光洙に対する事情聴取を申し入れたが、韓国政府は受け入れなかった。帰国した辛光洙は北朝鮮では勲章を与えられた。原敕晁は、生きていれば現在八七歳である。

有本恵子　日本人亡命者の仲間を獲得する

一五人目の拉致被害者になったのは、神戸外国語大学卒業生の有本恵子である。一九六〇年一月一二日神戸市の生まれ、当時二三歳であった。八三年六月に語学留学していたロンドンから帰国する直前に北朝鮮の労働党対外連絡部の工作員に誘われ、北朝鮮へ向かった。有本はこのとき、神戸市の実家に「仕事が見つかる　帰国遅れる恵子」という電報を打っている。

二〇〇二年三月、よど号ハイジャック犯の元妻、八尾恵が有本恵子拉致への関与を告白した。八尾は北朝鮮に拉致してきた日本人男性と結婚させるため、若い日本人女性を拉致するよう指示され、有本を誘い出し、北朝鮮の工作員らに引き合わせたと述べた。これがどこまで真実かは判明していないが、対外連絡部の傘下にはよど号関係者を含め、二年前に誘い込まれた石岡、松木までが抱えられている。そこに日本人の女性を獲得するという意図が働いてのオペレーションだったのであろう。日本の警察は有本恵子のケースを北朝鮮による拉致と認定した。北朝鮮にいる日本人亡命者のために仲間を獲得することも拉致の目的だとすると、これが第四の目的だということになる。

別枠の認定者　田中実と松本京子

この他に、二〇〇四年の細田官房長官の記者会見による日朝決裂の後、追加的に拉致被害者として認定されたのが田中実と松本京子である。この認定は別枠と言うべき認定であったと考えられる。

一六人目の被害者とされたのは田中実である。この人は、二〇〇五年四月二七日に、日本政府によって北朝鮮拉致被害者と認定された。田中は一九四九年七月二八日、神戸市灘区で生まれた。神戸市のラーメン店に勤務していた一九七八年六月に成田空港から出国し、以後四六年間日本に戻っていない。出国当時は二八歳の青年であった。この出国は彼が勤務していたラーメン店の店主である在日韓国人に同行したものであった。そのままヨーロッパ経由で北朝鮮に向かった。

この田中の行動についてはすでにさまざまな申し立てがあった。一九九四年六月には、在日朝鮮人男性が平壌で田中という拉致被害者と会ったと兵庫県警察に供述したことが知られている。九六年には、在日朝鮮人で北朝鮮の工作員組織「洛東江」の一員であったという張龍雲(チャンヨンウン)が月刊誌に手記を発表し、ラーメン店主を操り、田中実を誘い出させ、ウィーンとモスクワ経由で北朝鮮に送ったと告白した。張はその後、一九九九年に手記『朝鮮総連工作員』(小学館文庫)を書き、同じ趣旨のことを述べている。それでも日本政府の認定は二〇〇五年までなされなかった。それ以前から警察庁は「北朝鮮による拉致の可能性を否定できない」と判断していて、日朝交渉の場でも北朝鮮側に所在確認を求めていたと言われる。にもかかわらず拉致認定がなされなかったのに、なぜ細田官房長官の下で〇五年四月二七日に拉致認定がなされたか、理由は説明されていない。

田中実については、二〇一八年頃から、政府ないし拉致問題対策本部あたりから、北朝鮮に生存しているとリークされるようになり、第1章で述べたように共同通信が報道した。国会でも立憲民主党の有田芳生議員が再々質問をおこなった。二一年八月一一日にいたって、前拉致問題担当大臣古屋圭司が朝日新聞記者のインタビューに応じ、北朝鮮は田中実と金田龍光両人の生存を明らかにしたのに、なぜ日本政府は報告を受け取らなかったのかという質問に対して、「報告書を受け取れば、北朝鮮のペースになるとの懸念がありました」と答えたと報道された。

さらに二二年九月一七日には、齋木昭隆元外務次官が同じ質問に答えて、「北朝鮮からの調査報告の中に、そうした情報が入っていたというのは、その通りです。ただ、それ以外に新しい内容がなかったので、報告書は受け取りませんでした」と述べたことは第1章で触れた。いずれにせよ、田中実は平壌に生きており、日本に帰ることを望んでいないことが明らかになっている。

二〇〇六年一一月二〇日、最後に安倍内閣により松本京子が一七人目の拉致被害者と認定された。彼女は、一九七七年一〇月二一日夜、編み物教室に行くといって、鳥取県米子市の自宅を出て失踪した。当人は一九四八年九月七日生まれの会社員(二九歳)であった。失踪当日夜、近所の住人が二人の男と話している松本を目撃している。話しかけたところ、二人のうちの一人から殴りかかられた。その直後に、松本京子はサンダルの片方を残して失踪した。また、二〇〇二年頃、鳥取県米子市の貿易会社の社長が平壌の会社に電話をしたところ、「きょうこ」と名乗る女性が出た、鳥取・米子独特の訛りがあったという話もあった。また脱北者から北朝鮮の清津市に居住していたとの情報がもたらされていた(ウィキペディアによる)。そうした話がいろいろあったが、北朝鮮に拉致されたと認定するのは難しかったのだろう。二〇〇六年にもなって拉致認定が出たのはどうしてなのか、説明がなされていない。彼女については、北朝鮮は「入境せず」と回答したままである。

2　北朝鮮側の調査報告

北朝鮮は二〇〇二年九月一七日の日朝首脳会談の際に、拉致被害者一三名の氏名、生死の別、死亡者の死亡日だけを記したリストを渡し、金正日委員長が関係部署が過剰忠誠により犯した不当行為であったと謝罪した。その簡単なリストにはいくつかの誤りが含まれていた。以後、北朝鮮は、日本の要求に応じて、三回にわたり、調査をおこない、報告書を作成した。

第一次報告

二〇〇二年九月二八日から一〇月一日まで訪朝した齋木昭隆外務省アジア大洋州局参事官に対して、北朝鮮は全般的な説明と拉致被害者一三人についての個別調書を渡した。この資料は西岡力『金正日が仕掛けた「対日大謀略」拉致の真実』(徳間書店、二〇〇二年)の「巻末資料」として収録されているところから引用する。まず全般的説明の中で、「事件の背景と関係者の処罰」について次のような記述があった。

㋑一九七七年一一月一五日に発生した横田めぐみさん拉致事件を契機に、機関内の一部部署で日本人成人を連れて来て工作員に日本語教育、身分隠しに利用する提起がなされ、恣意的に拉致が行われた。

㋺一九七八年六月から一九八〇年六月まで、特殊機関の一部部署により日本で成人男女九人が連れてこられた。一九八〇年初め頃、他の特殊機関の一部の部署もこの事実を知り、自分たちでも連れてくる工作を勝手に行った。しかしながら、当該部署は、当初日本に工作ルートがなかったので、一九八〇年六月から一九八三年七月にかけて欧州で成人男女三人を連れてきた。こうして総計一三人の日本人を連れてきた。うち七人は、工作員による拉致、一人は請負業者によるもの、残る五人は本人の同意の下に連れてきた。

㈧この事件の責任者であるチャン・ボンリム及びキム・ソンチョルは、一九九八年、職権濫用を含む六件の容疑で裁判にかけられた。チャンは死刑、キムは一五年の長期強化刑に処せられた。

横田めぐみについては次のような調書が出ている。なお、夫と娘の名前については後に別の名前が提示されている。

横田めぐみさん

1　朝鮮名：リュ・ミョンスク

2　一九六四年一〇月五日生、当時一三歳

3　本籍：東京都品川区××

4　住所：新潟県新潟市××町××　当時中学生

5　入国経緯：一九七七年一一月一五日、新潟市内で工作員が学校から帰宅途中の本人に会った。工作員は身辺の露出の危険性を感じ、露出を防ぐために同女を拉致した。特殊機関は、所属に関係なく軍事化されており、命令を実行した者は責任を問わないことになっているが、本件の実行犯は命令なく恣意的に行動した者であり、職務停止処分を受けている。
6　入国後の生活：一九七七年一一月から一九八六年七月まで、招待所で朝鮮語、現実研究および現実体験をした。一九八六年八月一三日結婚。
7　死亡の経緯：一九九三年三月一三日、平壌市スンホ(勝湖)区域四九予防院で精神病で死亡。
8　遺骸：墓のあったところは病院を通じて探している。
9　遺品：愛用のバドミントンのラケットと写真
10　家族：夫：キム・チョルジュ　四一歳　会社員
娘：キム・ヘギョン　一九八七年九月一三日生、中学生
住所：万景台区域タンサン(堂上)洞
11　一九八八年頃から一九九一年にかけて金日成(ママ)政治軍事大学において目撃証言があるとの話は事実無根であって虚偽の情報である。
12　一八歳頃から精神的に不安定であったということについても根拠はない。結婚後、娘を産むまで精神的な所見はなかった。
(なお、入国直後、招待所で曽我ひとみと一緒に生活していた事実がある。)
この通告では横田めぐみは精神病で死亡したとされていたのである。
曽我ひとみの調書は次の通りである。

曽我ひとみさん

1　朝鮮名：ミン・ヘギョン　女　一九五九年五月一七日生

2　本籍：新潟県佐渡郡ハタノマチ××

3　出生地：新潟県佐渡郡ハタノマチ××

4　住所：新潟県佐渡郡ハタノマチ××町××

5　現住所：平壌市スンホ（勝湖）区域リプソクリ（立石里）

6　前職：佐渡総合病院看護婦

7　現職：被扶養生活

8　入国経緯：一九七八年八月一二日、特殊機関工作員が身分隠しおよび語学教育の目的で現地請負業者（日本人）に依頼し、引渡しを受けて連れてきた。

9　入国後：約二年間特殊機関の招待所において、語学の学習、参観を通じ、実情に慣れてきた。

一九八〇年八月八日、入北した元米軍兵士と結婚し、国家から生活条件を保障されて暮らしている。

10　家族関係：夫：チャールズ・ロバート・ジェンキンス。一九四〇年二月一八日生で、現在六二歳。南朝鮮侵略軍第一騎兵師団八連隊一大隊C中隊の分隊長中士として勤務中に一九六五年一月五日入北。チャールズは、曽我ひとみさんと結婚し、二人の娘をもうけた。
長女：美花、平壌外国語大学学生、一九八三年六月一日生、一九歳、
次女：ブリンダ、平壌外国語大学で勉強している。一九八五年七月二三日生、一七歳。
11 母・ミヨシさんについては承知していない。特殊機関工作員が現地請負業者から引渡しを受けたのは曽我ひとみ一人だけ。

この通告では、曽我母子の拉致は「現地請負業者（日本人）」によっておこなわれたとされており、曽我ひとみは引き渡され、北朝鮮当局が受け取ったが、母ミヨシは引き渡しを受けていない、北朝鮮当局は受け取っていないとされているのである。

第二次報告

小泉首相は二〇〇四年五月二二日に再訪朝し、金正日委員長と再会談した。その際に拉致被害者の安否について再調査を要求した。金正日委員長はその要請を受け入れた。金正日委員長が「白紙」に戻して再調査すると約束したのである。北朝鮮当局はこの年六月三日に調査委員会を設置し、鋭意調査をおこなった。「その際、生存者がいれば全員帰国させるとの方針で調査を進めた」という。調査が完了したとの連絡を受けて、同年一一月九〜一四日、藪中三十二外務省アジア大洋州局長は訪朝した。陳日宝人民保安省捜査担当局長から、陳を委員長とする調査委員会の報告を受けた。この報告のオリジナル原文は発表されていない。二〇〇四年一二月二四日付の

日本政府の「再調査」報告「安否不明の拉致被害者に関する再調査——北朝鮮から提示された情報・物証の精査結果」から内容をうかがうだけである。

それによると、この第二回調査報告の結論は「八名死亡、二名は入境を確認せず」と第一回の報告と同じものであった。藪中局長らには、横田めぐみ、田口八重子、原敕晁、市川修一、増元るみ子、石岡亨、松木薫の安否に関わる証言者一六人の面接聞き取りが許され、横田めぐみの入院中のカルテと遺骨と写真、交通事故死した者の死亡証明書、違法な拉致をおこなった機関員の刑事事件記録などが提供された。

藪中調査団の「再調査」報告は提供された死亡拉致被害者についての個別情報を検討した結論を書いている。横田めぐみについての部分は、次の通りである。

・元夫とされるキム・チョルジュン氏からめぐみさんの「遺骨」として日本側に渡された骨の一部からは、鑑定により全く別人のＤＮＡが検出されたが、北朝鮮側がなぜ別人の骨を渡してきたのか極めて不可解である。

・キム・チョルジュン氏が「遺骸」を移送したという経緯の説明は曖昧であり、特に同氏が自らの所属組織にも知らせることなく、単独で友人三名と「遺骸」を掘り返し、移送し、火葬したとする説明は余りに不自然である。

・北朝鮮側から提供された「カルテ」とされる文書には、九三年九月二四日以降の診療記録が無く、また、「カルテ」が本人のものであることは確認できていない。

・北朝鮮側は、横田めぐみさんが九四年三月に平壌四九号予防院に入院したと説明しているが、我が方は、九四年三月に横田めぐみさんが平壌ではなく義州(ウィジュ)の四九号予防院に入院したとの情報を有している。この点についての我が方からの指摘に対して、北朝鮮側は、当初は義州の病院に送る予定であり、移送当日、義州に行く予定で出発をしたものの、直前になって方針を変更して、平壌四九号予防院に移送することとしたと説明した。この説明内容はいかにも不自然であり、我が方が有している種々の情報とも矛盾している。

・予防院を散歩中、付き添いの医師が所用で目を離している間に、本人が予め衣類等を裂いて作っておいた紐を用いて、近くの松の木で首つり自殺したとする北朝鮮側の説明は、(a)極く短時間、目を離した間に自殺を図ったとされていること、(b)紐を予め用意しており、またそれが発覚しなかったこと、などから不自然である。

・北朝鮮側が言う「死亡日」については、当時の担当医師の曖昧な記憶だけが根拠となっており、説得力のある説明がない。また、今回の面談で、担当であった医師は、四月一三日という「死亡日」を覚えている理由として、これが金日成主席生誕記念日(四月一五日)の前であったからと説明しているにも拘わらず、前回の日本政府代表団の訪朝時(二〇〇二年九月末)には、同じ医師が九三年三月一三日と説明した経緯があり、今回、その日付を訂正した際のやりとりは余りに不自然であった。

横田めぐみのカルテなるものの内容は一切明らかにされなかった。横田以外の死んだといわれている被害者、田口、原、市川、増元、石岡、有本、松木、久米、曽我ミヨシについても、北朝鮮側の説明に納得できないという抗弁が書かれている。しかし日本側の抗弁は、だから被害者が生きているとの積極的主張をまったく含んでいない。

幻の第三次報告

二〇一四年のストックホルム合意によって設置された北朝鮮の特別調査委員会は、在朝日本人すべてについて調査することを目的としたが、拉致問題についても報告書(あるいは中間報告書)を用意した。これが、二〇一五年春に日本政府に提示されたが、田中実の生存という事実を伝えているものの、「それ以外に新しい内容がなかったので」、受け取らなかったと齋木昭隆元外務次官が二〇二二年九月に証言した。

二〇一六年二月一二日、朝鮮中央通信は、日本がストックホルム合意の破棄を宣言したので、合意に基づく調査を中止し、特別調査委員会を解体するとの宣言が出たと報じた。

3　拉致被害者の運命――北朝鮮における生と死を考える

拉致された人々の生活の痕跡を追う

では北朝鮮に拉致されて行った人々は、北朝鮮でどのような生活を送ったのか、生き延びたのか、死んだのか、このことが問題である。北朝鮮側は二〇〇二年一〇月、一三人を拉致した、日本側が指摘する二人は入境していない、一三人のうち五人は生存しているが八人は死亡した、との報告書を渡した。この人々の運命を可能なかぎり中立的な、確実な資料にもとづいて考察する。

その資料とは、帰国した五人が語った言葉である。帰国した五人は政府の拉致被害者・家族支援室に陳述した。それが最近になって有田芳生が著書『北朝鮮 拉致問題――極秘文書から見える真実』(集英社新書、二〇二二年)で部分的に明らかにした、いわゆる極秘文書である。その他、帰国した五人は家族に自分たちの生活を語り、取材し得た少数の記者に語った。この点で、注目すべき成果は、二〇〇六年一〇月三日に放映された日本テレビ報道局が制作した報道ドラマスペシャル『再会～横田めぐみさんの願い～』である。このドラマには、その時点までに同局の記者が取材して集めた情報がおさめられた。その後も同局の記者福澤真由美は取材を続け、得られた認識を二〇二二年一月三〇日に日朝交渉三〇年検証会議で明らかにした(本書第4章に収録)。この他には大韓航空機爆破の犯人、金賢姫の回想がある。ただしこれは相当な吟味が必要な証言である。当事者が遺した一次資料としては、石岡亨が日本の自宅に送った手紙一通だけである。

まず一九七七年九月一九日、三鷹市役所の警備員久米裕が、日本の石川県の海岸、宇出津で工作船に乗りこんだ。このことは日本の警察が確認している。北朝鮮側は久米については、二〇〇二年に「入境せず」と回答し、拉致を認めていない。また帰国した拉致被害者の証言の中には、久米のことは一切出てこない。北朝鮮における久米の生活の痕跡は一切ないのである。

久米を工作船に乗せた在日朝鮮人Aが工作船の出発直後に警察に逮捕されたので、久米の名義でパスポートをつくる「背乗り」は実行できなくなっていた。そのことが北朝鮮の工作員から本国に報告され、久米の拉致は失敗に終わったことを知った本部は、久米は不要な存在となったとして、久米の処分についてなんらかの指令を送ったと考えられる。久米が北朝鮮の工作船に乗ったことは確認されている以上、北朝鮮に入境していないとすれば、船上で殺害された可能性が高いと見る他ない。

次いでこの年一一月一五日、新潟の中学生横田めぐみが拉致されて平壌へ送られ、万景台(マンギョンデ)招待所に入った。北朝鮮の受け入れ側では、一三歳の中学生を拉致して来たことに問題を感じたが、とにかく注意深く扱い、説得教育して北朝鮮に役立つ人間に育てようと考えたのであろう。当惑している一三歳の娘に指導員が「朝鮮語をしっかり勉強しなさい。朝鮮語をマスターすれば、日本に帰れるようになるだろう」と語ったことが伝えられている。生きる目標を与えて励ましたのだろう。

翌一九七八年になると、六月頃、池袋のキャバレーのホステスをしていた田口八重子が工作員に誘われて、どこかの海岸で北朝鮮の工作船に乗り込んで北朝鮮に赴いた。状況がわからないが、北朝鮮は拉致と認めている。北朝鮮に入った彼女は、当然ながら子ども二人をベビーホテルに預けたまま外国に来てしまったことを後悔する気持になったであろう。しかし、後悔してももう遅かった。鬱々とした気分で彼女は上陸して平壌に送られ、牡丹峰(モランボン)招待所に入った。

次いで、七月七日には福井県の大工見習い地村保志とその女友達の会社員浜本富貴恵が暴力的に拉致され、上陸させられ、七月一〇日平壌へ送られた。二人は拉致と同時に別々にされており、平壌に着いたところでは、地村保志は順安(スナン)招待所に、浜本富貴恵は牡丹峰招待所に入った。浜本は先に来ていた田口八重子と共同生活を始めた。二人は同じ年齢だったが、東京でホステスをしていて、二人の子どもを持つ田口が姉さん格で、助け合って生きていくことになった。

さらに七月三一日には新潟・柏崎の大学生蓮池薫とその女友達、会社員の奥土祐木子が暴力的に拉致され、上陸させられ、八月はじめ、平壌へ送られた。二人も別々にされ、蓮池薫は順安招待所に入った。先に来ていた地村保志と共同生活を始めた。奥土祐木子は平壌市内のアパートから冷川招待所に入った。

一切の消息がない市川修一

次いで八月一二日、鹿児島の電電公社職員市川修一と婚約者の会社員増元るみ子が、暴力的に拉致された。増元るみ子は上陸させられ、平壌に送られて、冷川招待所に入った。先に来ていた奥土祐木子と一緒になり、共同生活を始めた。だが、市川については平壌に着いたことは確認されず、地村、蓮池らのいる順安招待所に入ったという話もない。アベック拉致三人組六人のうち、市川についてだけ、拉致の瞬間以後一切の消息が知られていないのである。このことは市川については異常な事態が発生したことを示しているように思われる。

市川と婚約者の増元はともに創価学会員であった。帰国した拉致被害者の間ではそのことが知られており、その信仰の故に市川らは北朝鮮に協力するということが難しかったのではないかという見方が拉致被害者の間で漠然と抱かれているようだ。二人の信仰については増元から奥土に伝えられたものと思われるが、創価学会の信仰の故に北朝鮮に協力することができなかったということは考えられない。それよりは市川は、拉致連行されたことに対して強く反発し、激しく抵抗したために、異常な事態が生じたのではないかと考える方が自然である。

市川は拉致直後の「事件」により、北朝鮮に入国しなかったかもしれないし、上陸はしたが、平壌には送られなかったかもしれないと考えられる。いずれにしても市川修一は他の五人のように平壌の招待所生活に入れなかったと見るのが自然である。では市川はどうなったのであろうか。

北朝鮮側の報告では、市川は拉致被害者の中では最も早く、拉致一年後の一九七九年九月四日に元山の海水浴場で水泳中に溺死したとされている。このことは市川が最も早く死亡したことを暗示しているのかもしれない。

なお、安明進が石高健次の聞き取りに対して、彼が学んだ金正日政治軍事大学の構内で市川に会い、話もしたと述べたことが知られているが(石高『金正日の拉致指令』一四六〜一四八頁)、これは偽りであったと考えられる。というのは、安が工作員の養成機関に在学したのは一九八七年から九三年までの六年間であったので(安明進『北朝鮮　拉致工作員』徳間文庫、二〇〇〇年、六九頁)、市川修一がその時点で工作員の養成機関で働いていたとすれば、北朝鮮に協力している地村、蓮池が市川にまったく会っていないということは説明がつかないからである。

市川らの次には、一九七八年八月一二日、佐渡島で曽我ミヨシとひとみの母子が暴力的に拉致された。平壌に連れてこられた一九歳の曽我ひとみは八月一九日に万景台招待所へ入れられ、先にいた一三歳の横田めぐみと共同生活をはじめた。曽我ひとみの拉致は、脱走米兵で北朝鮮に亡命したジェンキンスに花嫁を用意するためにおこなわれたことが明らかである。となれば、四六歳のミヨシは北朝鮮にとって不要な存在であったと考えられる。ミヨシも、平壌に入った他の拉致被害者の記憶の中に存在せず、彼女の生の痕跡がまったく見られない。北朝鮮側は進んで曽我ひとみの拉致を認めたにもかかわらず、ミヨシについては入境せずと通告している。さらに曽我ひとみの拉致については「現地請負業者(日本人)」、日本にいる協力者によっておこなわれたと説明している。これは暗にこの現地協力者がミヨシの運命に責任があると主張しようとしているように見える。ひとみは船中に同行していた北の女性工作員から、「母は家に帰した」と言われたと語っている。ひとみの拉致が花嫁候補をもとめておこなわれたものなら、四六歳の母親ミヨシは不要な余計者なのである。曽我ミヨシは船上で命を奪われたと推測することが可能である。

有田芳生の著書『北朝鮮 拉致問題』には、地村(浜本)富貴恵によれば、忠龍里(チュンニョンニ)招待所の備品の三面鏡の引き出しから、手紙のメモが出てきた、そこには「久我ヨシ子」という名と「五〇代、七〇年代に革命のために佐渡から朝鮮に来た」「主人は交通事故で亡くなった、二六歳の娘がいる」と書かれていたとある(三七～四〇頁)。有田はこの「久我ヨシ子」は曽我ミヨシではないかと推定しているが、この点は飛躍であり、説得的でない。この手紙の主の経歴と曽我ミヨシの経歴は違いすぎる。曽我ミヨシの生の痕跡は北朝鮮では見つかっていないのである。

アベック拉致の被害者たちの結婚

一九七九年の半ばになると、北朝鮮当局はアベック拉致組を結婚させることに決めた。まず、北朝鮮は、一九七九年四月二〇日に、最初に、市川修一、増元るみ子が結婚したと通報したが、この時点では、増元るみ子は奥土祐木子と冷川招待所で共同生活を続けていたことが確かであるので、この時点での市川・増元両人の結婚という話は偽りであると考えられる。

実際の結婚第一号は同年一九七九年一一月二五日の地村・浜本両人の結婚である。二人は忠龍里招待所で生活をはじめた。結婚の第二号は、翌年一九八〇年五月一五日の蓮池・奥土両人の結婚である。この夫婦も忠龍里招待所で生活をはじめた。この二組の結婚は、地村と蓮池が拉致されたという運命を受け入れて、北朝鮮の要望通り、北朝鮮のために働くことに同意したから認められたのである。

一九八〇年にはヨーロッパから新しい人々が北朝鮮に連れてこられた。六月七日学生の松木薫、石岡亨両人が、スペインで誘われて平壌へ来た。このヨーロッパ組は日本からの拉致組とは別の部署（労働党対外連絡部）が進めた工作で、北朝鮮に入国してからも別の招待所に入れられたものと思われる。この人々は従来の日本からの拉致被害者とはまったく接触がない状態である。

一〇日後の六月一七日、大阪の中華料理店のコック原敕晁が日本の宮崎海岸から工作船に乗せられ、北朝鮮に来た。これは北朝鮮の工作員辛光洙が、自分がその人物になりすますために自らおこなった拉致であった。原の入国以後の消息は帰国する拉致被害者にはほとんど知られていない。石高健次は原が「十一月中旬まで……東北里三号招待所に収容されたという」と書いている（石高『金正日の拉致指令』五七頁）が、東北里三号は後に見るように金賢姫が工作員教育を受ける場所であり、この情報は正しくないだろう。

一九八〇年六月三〇日、曽我ひとみが米軍亡命兵士ジェンキンスの居住する住宅へ移動させられた。横田めぐみは招待所に一人残った。曽我とジェンキンスは互いに気に入り、結婚に同意し、八月八日、曽我ひとみはジェンキンスと結婚した。

翌八一年七月、田口八重子は北朝鮮の工作員金賢姫の教育係となった。二人は七月四日から東北里三号招待所にて共同生活を始めた(金賢姫『忘れられない女』二二一〜二二三頁)。以後、田口八重子と他の拉致被害者との関係は完全に遮断されたのは当然であろう。

この一九八一年八月一七日に、増元るみ子は病死したということが北朝鮮側から報告されている。黄海北道麟山(リンサン)郡で、心臓病で死亡したという。彼女は市川と拉致されたときから一度も会わず、奥土祐木子と同じ招待所にいたが、奥土が蓮池と結婚するために出て行った七九年一一月以降は一人で生きていた。以後の消息はまったく伝えられていない。奥土と別れて生きていた彼女が全くの孤独の中で生きる意欲をなくしていったとしても不思議はない。だから八一年八月の死という通告を疑う理由がない。彼女の墓は麟山上月里にあったが、一九九五年の水害で流失したとも通告がされた。これをも疑う理由はない。

一九八一年一一月二日、東京では、北の工作員辛光洙が原敕晁になりすましてパスポートを取得した。これ以後辛光洙は日本とヨーロッパ、東南アジアで行動していくので、原敕晁本人はこの世に存在してはいけない人間になったのである。

一九八三年三月、田口八重子は金賢姫の教育係の仕事を終え、同居していた東北里第三号招待所を去った。

同年七月頃、有本恵子がヨーロッパから誘われて北朝鮮へ入った。有本の所在は不明だが、後の一九八八年九月着の石岡の日本への手紙によれば、石岡、松木、有本は一緒のところに暮らしているとのことであるので、一緒の招待所ないしコロニーで生活していたのであろう。

近隣で暮らしていた六人の拉致被害者たち

一九八四年のあるときから、忠龍里招待所一地区に蓮池夫妻、地村夫妻が移住した。蓮池夫妻は一号舎、地村夫妻は七号舎であった。そこに横田めぐみと田口八重子が忠龍里招待所に来て、三号舎で共同生活を始めた。これは二〇歳になり、朝鮮語も立派にマスターした横田めぐみが、日本に帰すと約束したではないか、日本に帰してくれと主張し始めたので、なんとか落ち着かせるために当局が考えた対策であった。ここで日本人六人が顔を合わせて暮らすという例外的な時期が到来したのである。このことから、この一九八四年一〇月一九日に田口八重子は原敕晁と結婚したと北朝鮮が通報したのは偽りであると判断される。

一九八五年二月、原敕晁名義のパスポートを持った辛光洙が韓国で逮捕された。辛光洙の逮捕によって、原敕晁名義のパスポートが偽物であること、背乗りの事実も、すっかり明るみに出てしまったのである。この時点で北朝鮮にいる原敕晁は完全に存在していてはいけない存在となった。

一九八五年末地村夫妻が、忠龍里招待所一地区七号舎から二地区四号舎に移動する。蓮池夫妻も同招待所の一地区一号舎から二地区六号舎に移動した。この人々は八六年七月三〇日に忠龍里招待所を出て、太陽里（テヤンニ）招待所に移動する。二組の夫婦が忠龍里の二地区にいたあいだ、二地区一号舎と二号舎にはそれぞれ中年の日本人男性が住んでいたことを彼らは確認している。

一号舎の男性は年配の人、二号舎の男性は四〇代の中華料理が得意な人だった。地村も蓮池も彼らとは一切関係を持たなかったと言う。原は一九三六年生だから、一九八五年には四九歳であって、元中華料理店コックであった。だから、この二地区二号舎の住人は原本人ではないかと見る見立てが地村、蓮池に存在する(有田『北朝鮮 拉致問題』三三〜三七頁)。これが原敕晁の北朝鮮生活の唯一の痕跡である。そして、原はこのときまで、ほぼ八五年末から八六年七月までの時点で北朝鮮に生きていたことになる。以後、原の生の痕跡は消えてしまう。

一九八六年春、田口八重子が腰痛で入院することになった。田口は忠龍里招待所を去り、横田めぐみは再び一人になった。以後田口八重子は生存組といかなる接触もしていない。蓮池富貴恵は、八六年一〇月元運転手から田口八重子が元気でいるということを聞いた。その時点以後田口八重子の生の痕跡は認められない。

北朝鮮の通報によれば、一九八六年七月一九日、田口と結婚していた原が病死し、さらに一一日後、一人になった田口が七月三〇日、交通事故で死亡したという。この二人が結婚したという話はすでに指摘したように偽りであるが、一九八六年七月以降、二人が相次いで死んだという北朝鮮の通告を疑う根拠はない。一九八八年以後は二人の生の痕跡を見出せないからである。

横田めぐみの結婚と出産

一人になった横田めぐみは精神が高ぶっていた。指導員に、日本へ帰せと要求することをやめなかった。抵抗し、闘争する横田めぐみを精神病院へ入院させることも試みられたと考えられるが、それも効果がないということで、北朝鮮側が考えたのは結婚させて落ち着かせるとの方策を講じることであった。

一九八六年八月一三日、横田めぐみは、韓国から拉致されてきた金英男(キムヨンナム)(北朝鮮での名前はキム・チョルジュン)と結婚して、太陽里招待所に移った。そこでは蓮池夫妻、地村夫妻も合流しており、再び六人の共同生活がはじまった。一九八七年九月一三日、横田めぐみは女子(キム・ウンギョン)を出産した。しかし、そのあと、「産後鬱病」がおこった。彼女の場合は既往の精神障害が再発したのである。

金賢姫事件　「拉致してきた日本人を殺せ」という指令

このとき、ソウル・オリンピックを意識した北朝鮮政府は致命的なテロ攻撃に出る。大韓航空機爆破事件である。一九八七年一一月二九日中東バグダード発ソウル行きの大韓航空機がビルマ沖で爆破墜落し、乗客乗員一一五名全員が死亡した。この機が寄港したアブダビで降機した日本人パスポートを持つ二人の男女が拘束された。二人は自決を図り、男は死亡したが、女は生き残って一二月一五日に韓国政府に引き渡された。その人が田口八重子から教育を受けた金賢姫であった。彼女は爆破の実行犯であることをソウルで自供した。八八年一月一五日、金賢姫は国家安全企画部の記者会見に同席し、自分が拉致されてきた日本人女性李恩恵から日本人化教育を受けたと語った。

金賢姫が死にきれず逮捕され、全面自供したことは北朝鮮当局を慄然とさせた。北朝鮮当局は、拉致事件が暴かれることを怖れ、ドラスティックな措置をとるように関係部署に指令したようである。日朝交渉三〇年検証会議で記者の福澤真由美は次のような取材メモを明らかにした。

大韓航空機爆破事件が起き、翌年の八八年に金正日氏より「拉致してきた日本人を殺せ」という指令が下された。蓮池さんと地村さんの指導員は、「蓮池も地村も共和国で一生懸命がんばっている。トラブルにならない」と言って組織と交渉して、必死に守ってくれた。蓮池夫妻、地村夫妻の四人は処刑されずに済んだが、他の人がどうなっているのかわからないという(本書第4章、一五〇～一五一頁)。

この衝撃的な証言を検証し、確認するすべはない。ひとまずこの証言に従って、検討を進めよう。八八年時点で生存していると考えられる拉致被害者は、地村夫妻、蓮池夫妻、曽我ひとみ、横田めぐみ、田口八重子、原敕晁と欧州組の石岡亨、松木薫、有本恵子の一一人、それに別枠の田中実、松本京子の二人であった。

北朝鮮側の通告では、原、田口の死亡が一九八六年七月に集中していた。

原敕晁　　一九八六年七月一九日死亡
田口八重子　　一九八六年七月三〇日死亡

この二人は当局の八八年の指令により死に追いやられた可能性があると考えられる。実際の死亡年は一九八八年であったのではないだろうか。原は辛光洙の韓国での逮捕で拉致された人物として名前が出ており、田口八重子は金賢姫の教育係李恩恵としてその存在が暴露されていたのである。金正日の命令の実行対象に適合的な人々であった。

他方で、生存していて、帰国が実現した二組の夫婦は、指導員の必死の努力で死を免れた人々だということになる。曽我ひとみは北朝鮮に亡命したゲストの配偶者であってみれば、死を与えられるはずはない。残るのは、横田めぐみと欧州組の三人である。横田めぐみには北朝鮮は最大限の待遇を与えて、落ち着かせようとしている最中で、手を出さない。

欧州組では、石岡亨と有本恵子が一九八八年の同じ日に死亡したと北朝鮮は報告してきた。

石岡亨　　一九八八年一一月四日死亡

有本恵子　一九八八年一一月四日死亡

北朝鮮によると、石岡亨と有本恵子は一九八五年一二月二七日に結婚し、翌年には子どもが生まれていた。石岡、有本の夫婦は慈江道の煕川の招待所で、睡眠中石炭ガス中毒で夫婦と子どもが中毒死したという。しかし、二人が結婚しているということは一九八八年の石岡の自宅への手紙には書かれていない。

実は、一九八八年のいつか、石岡亨は、平壌の売店でたまたま知り合ったポーランド人に頼み込んで、「私と松木さんは元気です。途中で合流した有本恵子君供々、三人で助け合って平壌市で暮らして居ります」と書いた手紙を日本の自宅に送ったのである。この手紙は九月には日本に届き、三人の家族に共有されることになった。この手紙のことが日本の新聞に報じられるのは九一年一月七日の毎日新聞の記事であるが、手紙が日本に出されたことは八八年の秋のうちに平壌の当局の知るところになったと考えられる。これは、国家的な機密を外国に知らせる行為であり、北朝鮮の体制にとっては大罪である。

金正日の指令が出ているもとで、この手紙の一件が明らかになれば、この人々にも死を求めるということが進められたのかもしれない。その際、松木については彼が協力的だとして、助命を求める努力があったのかもしれない。欧州組では松木だけが生き延びたということになる。

深刻化する横田めぐみの状況

横田めぐみの状況はウンギョンが三歳になった一九九〇年頃に急速に深刻になった。日本テレビの報道ドラマスペシャル『再会〜横田めぐみさんの願い〜』では、めぐみが髪を切るとか洋服を焼く、ナイフを手首に当てるといったことが描かれている。自傷行為は自殺に容易に移行する状況であった。それから夜間の徘徊と統制区域からの脱走を起こした。もとよりこの間、めぐみは入退院を繰り返している。彼女としては、北朝鮮での生活を否定し、日本に早く帰せと闘争しているつもりだったのだろう。

ついに一九九四年三月一三日、めぐみは義州の隔離病棟に送られるということで、蓮池夫妻、夫金英男に見送られ、車で出発した。このような精神状態にある人が隔離病棟に入れられて、どれほど生きられるのだろうか。北朝鮮側の修正された通報では、横田めぐみはこの年四月一三日、平壌四九号予防院の庭で自殺したとされている。夫金英男は、妻は自殺した、自分が墓を掘り、遺骨を焼いて保管していたと語り、二〇〇四年、藪中三十二局長に妻の遺骨なるものを渡している。日本政府はこの遺骨を二つの検査機関のＤＮＡ鑑定にかけた結果、一つの検査機関によりこの骨から横田めぐみのものでないＤＮＡを二種類検出したとの報告を得たとして、細田官房長官が骨は横田めぐみのものではないと断定し、北朝鮮に抗議した。

このＤＮＡ鑑定については主として北朝鮮側から疑問が提起されており、細田官房長官による鑑定の結果の理解については日本の中でも疑問が提起されている。さらに福澤真由美の取材ノートによれば、遺骨とともに歯も入っていたという藪中調査団メンバーの証言があるが、歯についての鑑定は明らかにされていない。

横田めぐみが北朝鮮側と闘争状態に入って六年ほどたって、彼女の精神状態は相当危機的な状態に陥った。その後、彼女は一九九四年に隔離病棟に入れられた。それからすでに三〇年近くが経過している。彼女が自殺したという通報には正当な疑問が出されているが、だからと言って、彼女がなお生存していると考えうる資料もないのである。

その点で夫金英男が一九九〇年代の終わりに再婚したこと、当時彼と交渉のあった蓮池、地村夫妻たちが再婚を知っても平静に受け入れて、金英男を格別非難することはなかったことも考え合わせられるべきである。元夫金英男も娘キム・ウンギョンも妻、母の死を受け入れて生きていることは事実である。

松木薫については、帰国した拉致被害者たちは一切語ることはなかった。彼は朝鮮労働党対外連絡部の傘下で、北朝鮮に協力的な姿勢をとり、生き続けていた。北朝鮮は、松木が一九九六年八月二三日に交通事故死したと通告してきた。そして、松木の遺骨を探し、二度にわたって日本側に渡している。最初の遺骨が本人のものではないとのDNA鑑定が出ると、再度調べて、新しい骨を発見したとして、引き渡したのである。それほどに松木の遺骨を渡すことに執念を見せているのである。松木の死は、北朝鮮の通告通りではないかと思われる。

別枠で認定された松本京子、田中実の二人については、帰国拉致被害者の聞き取りの中には一切出てこない。松本京子については、本質的に疑問が生じているが、田中実については北朝鮮に生存していることを北朝鮮がついに通告したのに、日本政府が無視しているという状態である。

4　拉致問題を解決するにはどうすればいいか

相容れない日朝両国の主張

拉致問題の解決とは何か。二〇〇六年以来、日本政府と救う会、家族会は「拉致被害者が全員生存しているとの前提に立って、すべての拉致被害者の生還を強く求めていきます」(安倍首相所信表明演説、二〇〇六年九月二九日)、「全ての拉致被害者の安全確保及び即時帰国、拉致に関する真相究明、拉致実行犯の引渡しの三点に向けて、全力を尽くす」(第二次安倍内閣所信表明演説、二〇一三年一月二八日)、「これ以上待てない！　全拉致被害者の即時一括帰国を実現せよ！」(救う会のスローガン、二〇二二年一一月)と、同一の要求を掲げている。北朝鮮政府は、一三人を拉致したと認めて謝罪し、うち五人が生存しているとして、五人とその家族を帰国させ、八人は死亡している、残り四人は入国していないと回答し、二〇〇二年以来、数次にわたり再調査をしたとして、同一の回答を繰り返している。二〇一五年にいたり、田中実は生存しているが、帰国をのぞんでいないと報告したようである。今日では北朝鮮側は、拉致問題は解決済みであると宣言するにいたった。両国の立場は完全に相容れず、交渉をおこなうことが不可能である。

われわれは拉致問題を解決することが必要であると考えるが故に、拉致問題を解決するにはどうすることが必要なのか、考え直してみよう。

本件は、朝鮮民主主義人民共和国の工作員が日本に不法上陸して、日本人市民一二人を暴力的に拉致した、あるいは不法に国外に連れ出したという事件であり、同国の工作員が欧州において、日本人市民三名を不法に朝鮮に連れて行ったという事件である。その他に状況が判然としない中で拉致されたとされる日本人二名の事件もある。

このような事件を解決するには、被害者の属する日本国の政府が朝鮮民主主義人民共和国の政府に対して、拉致行為をおこなったことを認定し、謝罪せよと求め、拉致を実行した責任国がそれを受け入れ、拉致を認定し、謝罪し、生存している被害者の原状回復を実現し、拉致被害者を帰国させ、死亡した被害者については詳細な状況説明をおこない、死亡に対する責任を認めて、賠償、補償することが必要である。死者の遺骨、遺品の引き渡し、追悼行事の実施が続かねばならない。

第一は、拉致をした国家が拉致をしたという事実を認めて、謝罪することである。これは責任国にとって甚だ困難な行為であるので、北朝鮮は長い間、拉致問題を認めず、交渉することも拒否してきたが、ついに二〇〇二年九月一七日に金正日委員長は日朝国交正常化へ向かう日朝首脳会談で謝罪し、一三名を拉致し、うち五名が生存している、八名は死亡している、残り二名は入国していないと回答したのである。

そうであるならば、朝鮮国家は拉致した被害者一人一人について拉致日時、拉致の方法、北朝鮮での生活、生死の別、どのように死にいたらしめたのか、現在の所在地など詳細な調書を提示しなければならない。事実、朝鮮側は拉致被害者について二〇〇二年に調書を提出し、さらに日本側の要求に応じて、二〇〇四年、二〇一四年と、二回調査をおこない、報告を出した。これに対して、日本側は二〇〇四年の朝鮮側の調査報告に多くの疑問点、問題点を指摘し、「極めて誠意を欠く」と抗議し、「真相究明を一刻も早く行うよう」要求したが、二〇一五年には新たな調査報告の受け取りすら拒んだ。日本側は二〇〇二年から、拉致された被害者八名が死亡している、二名は入国していないという朝鮮側の通報は虚偽の言だと考えて、拒否してきたのである。この対立状態がすでに二〇年続いている。

生存被害者の原状回復、日本への帰還については、北朝鮮側は生存者を五人として、この人々の原状回復と家族の日本への渡航を二〇〇二年、二〇〇四年におこなった。

この段階で、日本政府が、北朝鮮側が死んだとする八人、入国せずとする二人は生きていると主張しようとするのなら、外交交渉においては合理的な根拠、証拠を提示しなければならない。

しかし、日本側は北朝鮮側の報告書、調書の矛盾と偽りを指摘することはできても、死んだと言われた被害者が生きていると考える根拠、証拠を提示することは一度もしていない。そのような精度の高い情報を日本政府、拉致問題対策本部は獲得できていないのである。日本政府が依拠できる唯一の資料は帰国した拉致被害者の証言であるが、先にわれわれが試みたこの人々の証言の総合的な検討からは、一〇人が生きていると確信させる材料は一つも得られなかった。

不正常な日朝関係の中で起きた拉致問題

北朝鮮側の態度を分析してみよう。北朝鮮側は工作船の日本領海への侵入、工作員の日本上陸、日本人市民の暴力的拉致をおこなったのは「日朝が不正常な関係にある中で生じた」ことだとする日朝平壌宣言の文言に同意した。つまり、日本と北朝鮮は、一九四五年以降は朝鮮植民地支配が終わった後、敵対関係に終止符を打ち、関係を正常化しなかった。

さらに一九五〇年から五三年までの朝鮮戦争期間中は、日本を占領する米軍が韓国側に参戦するもとで、日本は米軍の戦争に実質的な協力をした。その状態は五三年の停戦で停止したのだが、以後七〇年間朝鮮半島に平和は来ず、日本と北朝鮮の間の異常な関係にも変化はなかったのである。拉致問題はそのような不正常な日朝関係の中で起こった。北朝鮮としては、敵対国に対する戦闘行為であった。敵国の民間人を捕らえて、拉致してくれば、その人物の人権をさらに侵害する行為、殺害までの行為にいたることもありうるという考えなのであろう。

だが、国交正常化の決定的な段階に入って、日朝平壌宣言を締結した北朝鮮当局は、拉致の事実を認めて、謝罪した。今後は工作船を日本の領海に侵入させず、工作員を上陸させず、日本人を拉致することはしないと約束した。しかし、そうなっても、北朝鮮国家は拉致事件の真実をすべて赤裸々に明らかにすることはできないだろう。拉致被害者の生死について、北朝鮮国家は当然に責任をとらねばならない。だが、拉致被害者を北朝鮮国家が直接殺害している場合には、それを現在の国家が認めることは難しい。だから、北朝鮮が提示する調書、報告書には虚偽の記述、事実のごまかしが含まれることは避けられない。日本国家は北朝鮮が拉致について謝罪したことを受け入れ、今後二度とこのようなことはおこなわないと誓約したことを日朝平壌宣言で確認した以上、北朝鮮の報告書に含まれる虚偽の部分を問い詰め、詰め切ることはできないであろう。

解決の道を阻む三原則を棄てなければならない

現状は交渉が完全に対立状態に立ち至り、交渉自体がすでに九年以上完全に止まっている。であれば、行き詰まりをもたらした拉致問題対処方針を転換しなければならない。解決の道を前進するのを阻んでいるのは、以下のような安倍拉致三原則である。①「拉致問題は我が国の最重要課題です」。②「拉致問題の解決なくして日朝国交なし」。③「拉致被害者が全員生存しているとの前提に立って、すべての拉致被害者の生還を強く求めていきます」。

このうちとくに第三原則が基本的な障害をつくり出している。「これ以上待てない！　全拉致被害者の即時一括帰国を実現せよ！」という救う会、家族会のスローガンも同じである。このような三原則を廃棄し、「生存している拉致被害者、生きていることがわかった被害者は帰国させよ」と要求することに改め、「死亡と通知された被害者については、死の状況の説明的な説明を求める」との要求を基本として交渉をおこなうことが必要である。

したがって、いまなされなければならないのは、日本側の基本方針の転換をはっきりと北朝鮮側に伝えることである。これからは、「生存している拉致被害者、生きていることがわかった被害者は帰国させよ」と要求することにすると明らかにし、「死亡と通知された被害者については、死の状況の説得的な説明を求める」という主張をもった交渉にすることである。その上で、受け取りを拒否した第三次報告書を受け取りたい、再手交してほしいと求めることが必要である。

新しい第三次報告書を受け取ったら、詳細に検証して、今後の方針を決めなければならない。この報告書の結論が、死者八人、入境せず二人であること、田中実生存の情報が含まれていることはすでに知られている。問題は他の人々の生死についてどれほど新しい説明が加えられているかである。もしも北朝鮮に拉致被害者の調査を三度求めても回答が変わらず、新しい回答がえられないという事態を確認すれば、慎重に検討して、北朝鮮の回答をどのように解釈するかを決定しなければならない。

調査をこれ以上求めるのは無駄だと判断すれば、北朝鮮側の報告の結論を暫定的に受け入れて、拉致被害者の死について北朝鮮国家が全責任をとることを要求し、拉致被害に対する賠償を要求することに進むことである。賠償の金額、支払い時期については交渉を必要とする。

もとより日本側では、北朝鮮の報告を全面的に受け入れているわけではなく、北朝鮮が死亡したと通報した被害者の中に死んだことにしておかないと困る人が含まれている可能性があると見るのであれば、日本側はそのような人物がいることを想定して、その人を救い出すための慎重な努力を今後も継続することを通告することが大事である。つまり、田口八重子の場合、生存していても、大韓航空機爆破事件犯人の関係者である以上、公の場に出すことを北朝鮮は容認しない。田口八重子は殺害されているかもしれないが、生かしておいて存在を隠しているかもしれない。だから、北朝鮮が大韓航空機爆破事件を自国のおこなった行為だと認めて、韓国に謝罪するときまで、田口八重子の救出を待ち続けるつもりだという意向をもち、それを北朝鮮側に伝えるのがいいと思われる。

オバマの米・キューバ国交樹立にならう

残るのは、拉致実行犯の謝罪と処罰である。しかし、これも北朝鮮が希望通り実行すると期待するのは難しい。しかし、辛光洙に対して与えられた英雄称号は剝奪されるべきだと要求することはなされるべきであろう。

だが、目下日朝関係は断絶していて、日朝交渉はおこなわれていない。新たな拉致問題での交渉は、日朝国交交渉の再開を待たなければ、進められないであろう。だから、拉致問題の解決のためには、日朝国交交渉に戻らなければならないのである。だが日朝交渉はあまりに大きな転変を繰り返してきた。いままでは、日朝間の交渉を確実に進めるためには、まず日朝国交を樹立して、大使を交換し、大使が東京と平壌で並行して交渉をおこなうというような特別なやり方をとる必要がある。

日朝国交正常化交渉の残る主題は、経済協力の形態、規模、方法であるが、それが合意されなければ、日朝国交樹立に踏み切れないのであれば、これからどれだけの年数を要するか、わからない。オバマ大統領が二〇一四年にキューバとの国交樹立ののちに関係正常化交渉を開始するという大逆転の行動をとった例にならって、思い切って、日朝平壌宣言にもとづいて北朝鮮と国交を樹立した上で、拉致問題の交渉、核・ミサイル問題＝安全保障問題の交渉、過去の植民地支配に対する償いとしての経済協力に関する交渉を、東京と平壌の大使館で開始するのが現実的ではなかろうか。このうち最も重要な安全保障問題、核・ミサイル問題での交渉は、国交樹立を先行させなければ不可能であろう。

第II部

二〇年を問い直す
――外交、拉致被害者、家族

2014年3月、モンゴル・ウランバートルで
横田めぐみさんの孫娘チョンさんを抱く横田滋さん、早紀江さん
（写真提供：有田芳生事務所）

第3章 交渉以外に問題解決の道はない

田中 均
聞き手＝福澤真由美

日本外交の原点は朝鮮半島にある

――二〇〇二年九月一七日の「日朝首脳会談」を実現させた大きな時代背景とはどのようなものだったでしょうか。またそれを成し遂げたことにはどのような思いがあったのですか。

田中　もともと外交官になって以降、私は朝鮮半島の問題は日本の外交の原点だと思ってきました。近代日本は朝鮮半島を足場として大陸に進出し、数々の戦争を戦った歴史があります。また植民地支配によって朝鮮半島の人々に大きな苦難をもたらしました。その結果として、日本国内にいる在日朝鮮人の帰属、歴史問題など、数多くの外交案件が生じました。日本の安全保障の原点として、また日本の責務として、朝鮮半島に平和と安定を築くことは、外交官としてのきわめて重要な課題だったのです。だから、自ら志願して一九八七年から八九年にかけてアジア局北東アジア課長という朝鮮半島担当のポストに就きました。

そこで携わったのは、在日韓国・朝鮮人のステータスの問題、在外被爆者問題、サハリン(樺太)に連行した韓国人の帰国問題など、多種多様な歴史に絡む問題でした。

そして一九八七年に大韓航空機爆破事件が起こりました。蜂谷真由美と蜂谷真一と名乗る北朝鮮のエージェントが大韓航空機に爆薬を仕掛けて爆発させたというこの事件は、私にとってまさに朝鮮半島の際どい部分に触れた最初の経験でした。事件の翌年、大臣の指示を受けソウルに移送された金賢姫に面会に行きました。その面談の趣旨は、事件は北朝鮮当局の指示によるものかについてだったのですが、話の中で金賢姫から、日本から来た女性に日本語教育を受けたという貴重な証言を得たのです。こうした経緯もあって、私は北朝鮮による拉致が行われたらしいということを聞いた、最初の日本人となりました。また、一九八九年に外務省は情報機関ＣＩＡを中心とする米国側から、北朝鮮の核開発についてのブリーフィングを受けました。私は核・ミサイル問題についても情報を得た最初の日本人だったといういきさつがあります。

外務省の職は約二年で異動がありますが、一九八九年に北東アジア課長を辞めて英国に行き、四年後の九三年に帰国して就いたのが、新しく作られた総合外交政策局総務課長というポストです。そこで担ったのは朝鮮半島の危機管理計画の作成です。九三〜九四年は、北朝鮮の第一次核危機といわれた時期で、核開発の疑惑を持たれた北朝鮮が、国際原子力機関（ＩＡＥＡ）の査察を拒否するという事態で、きわめて緊張が高まっていました。私は、これに対して日本がどういう手段が取れるかという危機管理の担当課長だったのです。

第一次核危機は、結果的には九四年六月に米国のカーター元大統領が訪朝して金日成主席と会い、協議による解決という方向で落ち着きました。同年一〇月には、米国は二〇〇三年をめどに軽水炉を二基提供する、北朝鮮は核兵器製造につながる黒鉛炉を凍結・解体するという内容で米朝枠組合意が結ばれ、そこから九五年三月、朝鮮半島エネルギー開発機構（ＫＥＤＯ）という組織が誕生します。私はその日本側実務責任者でした。

これで朝鮮半島については取りあえず仕事が終わったと思ったのですが、九六年に就いたのが北米局審議官で、最大の課題は日米安保体制の見直しでした。実務責任者として九七年に日米防衛協力のための指針(新ガイドライン)を改定したとき、米国のカート・キャンベル国防次官補代理と協議を尽くしましたが、議論の前提になったのは第一次核危機を受けた北朝鮮有事でした。

その後、九八年に私はサンフランシスコの総領事になりますが、その後には、朝鮮半島の問題が日本の外交の原点だという思いに戻って、北朝鮮と交渉したいと思いました。とはいえ外務省にも人事の都合があるので、二〇〇〇年に日本に戻ったときには経済局長になりました。しかし、後になってみれば、そのときにアジア大洋州局長にならなくてよかったと思います。外交が動くときというのは、誰が総理大臣で、世界情勢がどうなっているかが大きく関わってくるものです。二〇〇〇年当時の総理は森喜朗さんで、続いて二〇〇一年四月、小泉純一郎内閣が成立します。

北朝鮮を動かした国際情勢

交渉というものはどれもそうですが、難しい交渉であればあるほど、こちらがどれほど努力しようと、相手に問題を解決したいという強い意思がなければ事態は動きません。二〇〇一年にアメリカの中枢を襲った9・11事件が起き、テロを繰り返すアル・カーイダらイスラム武装勢力とアメリカとの「テロとの戦い」、アフガニスタン紛争が勃発します。翌年の〇二年一月、ジョージ・W・ブッシュ大統領は一般教書演説で、大量破壊兵器を開発・保持しているとしてイラン、イラク、北朝鮮の三国を「悪の枢軸」と呼び、一年後の〇三年にはイラクに攻撃を始めました。北朝鮮はこうした状況に非常におびえたわけです。

ちょうどその時期、〇一年九月に私はアジア大洋州局長に就任しました。このように私の経歴をお話しすると、北東アジア課長から始まって、事が起きたときに意図的にそこにいるように思われるかもしれません。しかし実際はまったくの偶然で、まさにそのとき北朝鮮問題を動かせるような環境が生じたのです。つまり、アメリカがネオコンと呼ばれる人たちを中心に非常に強硬な態度をとっていて、それに対し北朝鮮が切迫した脅威を受けていると感じていた。そのために北朝鮮は米国の同盟国である日本との関係改善を考えるようになっていました。

そして、日本の友好国であり、独自の積み上げをおこなってきた韓国の頭越しに北朝鮮と接触してはいけない。それは外交の鉄則ですが、当時の金大中政権は「太陽政策」という対北朝鮮融和政策をとっていたけれど、米国の強硬姿勢もあって難航していたので、日本が北朝鮮と交渉することを望んでいました。

そして中国はといえば、二〇〇〇年代の中国の経済規模は日本の約五分の一とまだ非常に小さく、アメリカの圧倒的な力の下での朝鮮半島有事を警戒していたので、日本の外交を歓迎しました。このように、日本が北朝鮮と交渉し、平壌宣言を結ぶことに周辺国はもろ手を挙げて賛同したのです。批判したのは日本国内だけです。

関係正常化は政治家の夢

田中　北朝鮮のようなトップダウンの国では、トップ同士が交渉できるようなルート作り、実際にはトップの意向を受けた者同士が交渉をする状況を作ることが不可欠です。私はアジア大洋州局長になったときに、小泉首相に直接、自分がどういう意識を持って朝鮮半島の問題に取り組んできたか、自分の経験を全部話しました。戦後の懸案として残っている北朝鮮との交渉は、日本以外の誰も動かせない。最終的な目標は朝鮮半島に平和と安定を築くことですが、乗り越えるべき課題として拉致問題があり、核・ミサイル問題がある。これらを解決しないと関係の正常化はできません。小泉さんに「拉致問題だけを俎上に載せても北朝鮮は乗ってこない。核・ミサイルを含め包括的に解決せざるを得ない。そのために水面下での交渉をしたい」と申し上げました。

正常化はサンフランシスコ講和条約上の義務ですが、戦後日本の外交に積み残された課題は二つあって、一つはロシアと領土問題を解決して平和条約を結ぶこと、もう一つは北朝鮮との間で戦後処理を済ませて関係を正常化することです。その二つに取り組みたい、自分の手で正常化を成し遂げたいというのは、一種の政治家の夢なのだと思います。

小泉さんが言ったことはただ一言、「やって下さい、ただし秘密厳守で。いろいろな人に話すべきでない、君と僕だけでいい」と。そうはいかないので、「全員が同じ情報を持つというのは非常に重要なことですから、外務省は川口順子外相、野上義二外務次官と平松賢司北東アジア課長と私、官邸は小泉首相、福田康夫官房長官、古川貞二郎官房副長官、別所浩郎総理秘書官の間だけで情報を一〇〇％共有して進めていきたい」と申し上げ、それ以外には他言無用で進めていきました。

小泉さんは基本的に、郵政民営化に象徴されるように、民間でできることは民間に、また自民党の旧態依然とした派閥政治や既得権益を除去することが総理大臣としての使命だと考えていて、外交においては米国との関係をきわめて重視した。おそらく朝鮮半島については「田中さんがどうかできるんだったらやってくれ」という程度の話だったでしょう。

しかし、同時に非常に勘が鋭い人であり、次第に自分が首相である間に手掛ければいけないことだと考えるようになったのだと思います。小泉さんのような、政治家として困難な課題に取り組むことに非常に強い決意を持った人が首相であったことは、北朝鮮との交渉を動かす大きな原動力となりました。

無から有を生み出す交渉

――北朝鮮のカウンターパート「ミスターX」が田中さんの秘密交渉の相手ですね。最初の接触では、北朝鮮側と日本側の主張はそれぞれどのようなものだったのでしょうか。

田中　北朝鮮の目的は、何よりも自分たちの安全の確保、もう一つは経済的な補償、この二つです。拉致についてはこれまでも頑なに否定してきたことなので、当然ながら困難をきわめた。交渉とは、結論が見えない中でどうにかして信頼関係を築き、それに基づいて課題を議論していくものです。民主主義国と交渉する場合はいろいろなルートがあるから、この政府は何を考えているのか裏取りができるし、交渉はある程度は公になるし、むしろ公でないといけない。しかし北朝鮮のような国では、内部の権力構造がどうなっていて、どのように意思決定をしているのか判然としません。先ほどお話ししたようにトップの意向を確実に反映する必要があり、交渉は秘密裏にならざるを得ないのです。

また、当時の米国政府は、ブッシュ大統領が北朝鮮を「悪の枢軸」と言っていますし、チェイニー副大統領、ラムズフェルド国防長官、ウォルフォウィッツ国防副長官などネオコンが主流でした。私は一年の秘密交渉の間、折に触れて政府内の穏健派であるアーミテージ国務副長官などに、北朝鮮と交渉をおこなっていること自体は伝えていました。彼は、日本が自らの課題を動かすことに米国は邪魔をしないと言い、私も米国の利益を害さないことを約束しました。後にアーミテージ氏は、米国も北朝鮮との交渉の糸口を模索したが成果をあげられていなかったこと、これは日本と北朝鮮の問題であり米国が邪魔するべきではないと、取材に答えています。

私は、その後のべ一〇〇時間も話をすることになる交渉相手に、この交渉は無から有を生み出すような作業だ、だから、拉致についても核・ミサイルについてもできるだけお互いの考えをぶつけて、創造的に物事を考えていこう、と言いました。

彼らは一度たりとも自分たちが拉致をしたとは認めません。一方、拉致がおこなわれ、そして生きている人がいる、それが私の前提です。そして、拉致の問題だけ追及しても決して解決はしない。相手が自分たちにも利があると思わなければ、交渉は成立しません。北朝鮮にとって、拉致を認め、真相究明していったほうがいいと思わせるために、一体どのような材料を提供するのか、それが最初から最後まで難しい課題でした。北朝鮮の目的の一つは日本からの経済協力だから、私の交渉相手も、資金について何も言ってくれないのかと何度も言いました。そのたびに私は、それは関係正常化の前にはできない、日本は民主主義国家で、国会の承認なくして膨大な資金を提供することはできないのだと説得するわけです。

彼らはおそらく私の発言を録音して、自分が何を言ったかも含めて全部チェックしていたと思います。たとえ失敗しても、日本の私たちは、更迭はされても命を取られるようなことはありません。しかし彼らにとっては自分の命にも関わる交渉だから、常に整合性があることしか言ってはいけない。そうした説得、交渉を一年間で二八回ほど重ねました。

「リスクを取る」と言った小泉総理

――九月の日朝首脳会談には、拉致問題の詳細についてわからないまま臨んだのですね。

田中　二〇〇二年九月一七日に小泉総理が訪朝したときには、日本は韓国との日韓基本条約に倣った形で経済協力をする意図があること、北朝鮮は拉致を認め、謝罪し、生きている人を帰し、生存が不明な人については徹底的に調査をすると約束する、という平壌宣言の内容も含めシナリオができていました。しかし、そのシナリオが現実のものになるかどうか、やはりリスクがありました。

総理の訪朝を決定する前に拉致の安否確認情報を提供してくれと言ったら、彼らは「やはりそれだけのためにあなたは交渉しているのか」と、何週間か交渉が途絶えたことがあります。最終的には交渉は継続し、金正日国防委員長が謝罪する蓋然性はきわめて高かったけれども、安否確認情報の結論もわからないまま総理訪朝がおこなわれました。

私は拉致についての情報を得て公表することができなければ危険だと危惧していて、総理が手ぶらで帰ってきたら内閣は潰れるだろうと考え、訪朝を取りやめるかどうか総理に聞きました。しかし小泉さんは「やめるつもりはない」「俺が行かない限り拉致された人は世の中に出てくることはないだろう。自分はリスクを取り、行く」と言ったのです。その言葉を聞いて私は、総理が訪朝することによって拉致の情報が得られる、そこに懸けようと思いました。

――しかし、北朝鮮の告白と謝罪によって明らかにされた「五名生存八名死亡」への日本社会の反応は厳しいものでした。一〇月一五日には五人の生存者の「一時帰国」があり、結局、五人は北朝鮮へ戻さないという方針転換をしました。これが交渉におけるターニングポイントになったのでしょうか。

田中　日本は戦後ずっと、アジアの近隣諸国への植民地支配や侵略で被害を与えた加害者として責められながら、戦後処理に向き合ってきました。ところが、北朝鮮が拉致を認めて謝罪するという事態で、初めて被害者の立場に立ったのです。それが、北朝鮮を許すなという世論が燃えさかり、保守ナショナリズムが勢いを増した原因ではないでしょうか。

しかし、私たちは行政官、官僚です。私の任務は総理の指示に従い、交渉して、小泉訪朝をやり、平壌宣言をまとめることでした。一刻も早く生きている人を帰したいけれど、北朝鮮からは、彼らには北朝鮮で生まれ育った子どもたちがいて、経緯を説明して帰ってくるのは時間がかかる。だから、「一時帰国にしてくれ」という説明を受けました。そういうことなら飲まざるを得ない、と日本政府として「一時帰国」を決定したのです。

そして、帰国した被害者たちが日本に留まることになった過程はこうでした。拉致被害者家族担当の内閣官房参与だった中山恭子さんのところに拉致被害者の親が「返したくない」と言ってきたといいます。しかし北朝鮮に子どもを残しているわけだから、本人の意向を確認する必要があります。また中山さんが「本人の意向を聞いた」となって、一時帰国という約束だったが、日本政府の決定として被害者は返さないこととした。

それに対して私が反対をしたと言われましたが、官僚の責務として、事態の予測をきちんと説明する必要があります。私が言ったのは次の二点です。第一に私の交渉相手との信頼関係が崩れ、おそらく今後は交渉することはできないであろうこと、第二に子どもたちを取り戻すのには相当の時間がかかる。この二つを覚悟して下さいと言いました。これをもって「反対した」というのは人の解釈の問題ですが、私も含めて政府として合意して永住帰国した、というのが事実です。田中均が反対をしたと喧伝されていますが、決してそうではありません。私は結果として、被害者を戻さないことに賛成しました。

政治家の意思決定には官僚の支えが必要

田中　それでも私自身はやはり交渉を続けたかった。電話をかけ「これは日本人の問題で、一時帰国という前提はあったがやむを得ない結論だ。もしあなた方が交渉の継続を約束するのであれば、私は自分で行ってもいいし、子どもたちを説得するために第三者が行くということも考えられる」と説得しようとしました。しかし彼らはもう取り合おうとしなかったですね。私の推測ですが、拉致被害者が一時帰国を含め、行ったり来たりしながらソフトランディングしていくというのが、北朝鮮の意識だったのではないでしょうか。

それができたら現在のような状況にならなったのではないかという意見はあるでしょうが、あのとき北朝鮮との約束通り一時帰国にして、五人を戻そうという結論は出せなかったですね。それが現実であり、政治というものです。小泉さんは、私がもし「それは困ります。いったん返しましょう」と言ったら、そうしたかもしれません。しかし私には言えなかった。あの日本社会、政治状況では小泉さんに迷惑をかけると思いましたから。

この問題は政官関係とはどういうものかにつながっていきますが、政治家が官僚の支えなくして、自分だけで判断をするということはないのです。だからこそ安倍さんは「官邸官僚」と言われる自分の仲間の官僚で周りを固めるという権力の作り方をする。

小泉さんは自分の意思がはっきりした人で、私がアジア大洋州局長のとき何回も靖国神社を参拝されました。私は「靖国に行かれるべきでない」とは一度も言ったことはありませんが、靖国参拝によってたとえば日中関係はこうなりますよとは度々申し上げました。そうすると、私たちアジア大洋州局には言わないで行くんです。小泉さんが何を言ったかというと、「反対されるから。やはり官僚に反対されるというのはすごくつらい」と。政治的な意思決定において、日本では政治家と官僚の関係は非常に重要なんですね。

米国政府内のネオコンによる交渉潰し

田中　そして、結果的に拉致問題についての交渉が継続しなかった大きな要因は、基本的には核放棄がまとまらず、米朝関係が緊張の瞬間を迎えたからだと思います。日朝首脳会談から一カ月後の一〇月にケリー国務次官補が訪朝して、北朝鮮がウラン高濃縮をしている証拠があり、これを一九九四年の米朝枠組合意に違反していると明らかにしたことです。

しかし私たちは水面下では引き続き交渉をやっていました。彼らの信頼は大きく損なわれたと思いますが、電話で、また一回は対面でもやっていて、文字通り協議が切れたわけではなかったのです。それが六者協議の合意につながります。日本が動かなければ六者協議というものは全くもってなかったでしょう。特に米国からすれば南北朝鮮と中国、米国と四者協議で十分ですが、私は北朝鮮に、四者では北朝鮮が目的とする経済協力は議題とならないこと、核・ミサイル、そして拉致について包括的に解決することが日本の大前提ですから、日本を加えた六者協議を立ち上げることを説得しました。そして、その枠組の中で拉致問題について進展することを、私は切実に期待したのです。

私が外務省を辞めたのは二〇〇五年八月ですが、翌九月に六者協議の合意ができました。これこそ日朝平壌宣言を出発点に、包括的に朝鮮半島の問題に取り組むという、画期的な合意でした。ところが九月一五日、米国財務省はマカオの銀行バンコ・デルタ・アジアが北朝鮮政府関係者のマネーロンダリングに関わったと指摘し、マカオ当局は銀行内の北朝鮮関連口座を凍結したのです。北朝鮮が偽ドル作りに関わっているという情報が出回り、北朝鮮の商社などの金融資産も凍結されました。六者協議の合意を作っている一方で金融制裁をやるという異常な事態で、米朝の核放棄をめぐる交渉も頓挫してしまいました。明らかに米国政府内部のネオコン派による交渉潰しです。

既に述べたように、米国政府の主流はネオコンだったので、そもそも小泉訪朝自体が潰されかねませんでした。訪朝に先立って、二〇〇二年八月二七日に来日したアーミテージ国務副長官とケリー国務次官補、ベーカー駐日大使などに説明したところ、アーミテージ氏は「自分からパウエル国務長官に電話するので、翌日小泉総理からブッシュ大統領に電話してくれ」と言ってくれました。総理に対してブッシュ大統領は「あなたのやることだ、何も不満を言うことはない」と、ブッシュ・小泉の約束があったから訪朝は潰れなかったわけです。

――安倍政権では、拉致問題解決に向けた三原則、「拉致問題は日本の最重要課題」「拉致問題の解決なしには国交正常化はない」「拉致被害者の全員生存・全員帰国」を定め、続く政権もこれを踏襲しています。

田中　こうした方針は、交渉相手について考慮せず、国内だけで語る限りは成立するでしょう。しかし、もし国際社会に向けて「拉致問題は日本にとっての最重要課題だ」と言ったならば、「北朝鮮がミサイルに核を搭載して日本を攻撃したら、何万人という犠牲者が出るが、それが最重要課題ではないのか」と問い返されると思います。だからこそ「包括的な解決」と私たちは言い続けてきました。そして、経済協力が国交正常化の後というのは言うまでもないことです。

また、三番目の「全員生存・全員帰国」は、具体的に何を示しているのか、メディアも深く追及しません。亡くなった人を生き返らせるわけにはいかないでしょうから、徹底的な安否調査をするということでしょう。それが安倍さんという政治家のカリスマ性で、国内の政治運動としては見事に成功して、安倍さんは総理への階段を上っていきました。外交の世界での具体的な問題解決と、国内向けの政治的な宣伝はまったく別のものです。外交官にとっては具体的にどう解決するかが重要ですが、政治家は違います。一度「最重要課題」とした以上取り下げるわけにはいかないから、現在の岸田政権でも、所信表明で必ず「拉致問題は最重要課題だ」と言うわけです。政治家がブルーリボン・バッジを付けているのも同じく反発を避けるためでしょうが、それによって外交交渉の内容が決まってくるわけではありません。

北朝鮮の狙いに協力している日本のメディア

——二〇年前と大きく変化したこととして、北朝鮮が連日ミサイルを発射しており、核実験もおこなっています。朝鮮半島の非核化という、包括的な解決は難しくなったのではないでしょうか。

田中　ミサイルはもともと持っていますが、核兵器を保有しているという確証はありません。核を保有しているのかいないのか不明だが、核を廃棄させる。そのための交渉をする、というのが日本政府のポジションであることには変わりがないのです。日本のメディアは一生懸命それに協力している保有国であると認めさせるということですから、日本のメディアは一生懸命それに協力しているのです。北朝鮮はもう核を持ってしまったから交渉は難しいなどというのは自主規制でしょう。

北朝鮮というのは〝怖い国〟です。彼らが抱く日本に対する歴史的な怨念に立ち返って考えれば、彼らが非常に追い込まれたとき、日本を標的と定めるというのはあり得ないことではないのです。日本政府としては、何としてでもそんな事態を防止しなければなりません。

事態を動かすには、交渉できるような環境づくりも含めて交渉しかない、それに尽きます。二四年一月の能登半島地震に対して、五日に金正恩総書記から岸田総理に宛てて「遺族と被災者に深い同情とお見舞いの意を表する。一日も早く地震の被害から復旧し、安定した生活をとり戻すことを願う」というお見舞いの電報が入りましたね。過去の災害、たとえば一九九五年の阪神・淡路大震災や二〇一一年の東日本大震災などでも北朝鮮の幹部が弔意を示していますが、最高指導者がこうしたお見舞いを送ってくる、それも岸田総理を「閣下」と呼ぶなど、初めてのことでしょう。

私は二〇年間交渉の現場にいないので具体的なことはわかりませんが、自分のやってきたことから考えても、これは一つのインディケーションです。ここから進んでいくことなのか、それとも既に深く交渉が行われていて、それを潰さないためにメッセージを送ったということなのかは不明ですが、常識的に考えれば、何らかの細工があったとしても不思議ではない。

抑止力の強化だけで問題解決した例はない

田中　北朝鮮にしても、交渉をしていかない限り、先にお話しした二つの目的の一つである日本からの経済協力は出てこないことは承知しているでしょう。そのためにも拉致についてやはり徹底的に調査をするところから始めざるを得ないはずです。全員生きている前提で全員帰せと言って、物事を政治化してしまったら決して解決はしないのです。個々のケースについて日朝合同で調査するなど、方策を考え出す必要があります。

歴史的に見ても、軍備を強化しただけで問題が解決した例などありません。抑止力を強化して、それを背景に交渉するということでしか問題解決の道はないのです。

二〇一八～一九年には三度の南北首脳会談、そして二度の米朝首脳会談もおこなわれましたが、米国がどう動くかではなく、日本が当事者意識を持って自分で北朝鮮と交渉する。そして核・ミサイルについても解決へ向けてプラスになるよう動く。外交というのは全て、当事者になることなのです。米朝関係が好転したら、環境が変わったら、拉致問題が動き出すなどということはありません。日本が自ら交渉しないで、米国の大統領が日本のために何かしてくれるはずはないのです。日本の主権で動かなければいけないことを米国に頼んだりするのは恥ずかしいことです。

いま家族会の人たちが、日本の外交力が試される、総理に首脳会談をおこなってほしいというのは、まったく正当な要求です。外務省には、政治に引きずられずに、プロフェッショナルとして外交の分野で何ができるか徹底的に追求してもらいたいと思います。

第4章　拉致された人々を取材して——知られざるその肉声から見えるもの

福澤真由美

事件報道となっていった拉致問題

二〇〇二年九月一七日、私は日本テレビ麴町本社の報道フロアにいた。「拉致被害者八人死亡、五人生存」という衝撃的な政府発表に、報道フロアがごった返していた。一九九七年に日本テレビに入社した私は、報道局政治部を経て、社会部の〝遊軍記者〟として、日々の事件取材に追われていた。午後になると、本社のモニターに映し出される平壌の中継リポートや福田康夫官房長官の会見が続いた。そして、夕方に拉致被害者家族の記者会見が始まり、私は横田めぐみさんの両親の涙ながらの言葉に動揺し、大きな悲しみと怒りを覚えた。

それまで北朝鮮関連の報道は外報部(現国際部)、日朝間の政府交渉や会談については政治部の専権事項だった。あの日を機に、拉致問題に関する報道の主戦場は社会部に移り、私のような駆け出しの事件記者が最前線に送り込まれたのだった。

拉致問題はいつのまにか社会部で事件取材の一環としておこなわれるようになっていた。それは、犯罪者の北朝鮮、被害者家族の「家族会」、支援者の「救う会」、さらに犯人を捕まえて裁く警察の役割の官邸や拉致問題対策本部という構図で展開された。そして、犯罪者に対する「北朝鮮憎し」という感情は日本社会全体を覆い、その後の私たちの〝事件報道〟によって増幅されていった。

日朝首脳会談後、社会部では直ちに「拉致問題取材班」が結成され、私は生存と伝えられた拉致被害者五人を担当した。家族会と救う会は、拉致被害者五人の帰国直前に、マスコミの集団的過熱取材を懸念し、日本新聞協会・日本民間放送連盟・日本雑誌協会に、五人に対する直接取材を取りやめるよう申し入れ、マスコミ側もそれを受け入れた。二〇〇二年以来二二年間、この直接取材の禁足令はいまだに解かれていない。直接取材の代わりに、五人の拉致被害者に接している家族や支援団体、官邸や拉致問題対策本部、警察などが私たちの取材対象者となった。そのため、支援団体や当局によって一部の報道にバイアスがかかったのも事実である。

だが、いろいろな制限をくぐり抜けて、時折こっそり拉致被害者本人からオフレコの話を聞くこともある。私がキャップをつとめた日本テレビ報道局社会部「拉致問題取材班」は、自分たちの取材メモをもとに、二〇〇六年一〇月三日に二時間の報道ドラマスペシャル『再会～横田めぐみさんの願い～』を企画・取材・放送した。

また私は、ある日朝関係者を取材する過程で、朝鮮労働党幹部で日朝交渉を担当する〝ミスターX〟の後任とされる〝李先生〟とも知り合い、中国の北京、瀋陽、北朝鮮の平壌で十数回取材し、北朝鮮を六回訪問した。現在も拉致被害者本人や家族、関係者らと交流を続けており、拉致問題は私の記者人生の原点であり、ライフワークとなっている。

二人の人生の落差

私の手元に、拉致被害者曽我ひとみさんから届いた手紙やカード、服、手作りのコップなどがある。仕事を抜きに、私はひとみさんとの二〇年来の友情を大事にしている。

ひとみさんの平壌の家には横田めぐみさんからもらった赤いスポーツカバンが残っていた。一九七七年一一月一五日、バドミントンの部活帰りに拉致されためぐみさんは、平壌の招待所でジャージなどを入れるスポーツカバンを大切に保管していた。カバンの内側にはマジックペンで「横田めぐみ」と書かれていた。

めぐみさんの拉致の翌年、一九七八年八月一二日に佐渡で拉致されたひとみさんは、平壌に着いてから数日後に万景台招待所に移動させられた。「入口で待っていたのは、えくぼの可愛いめぐみちゃんだった」という。二人は八〇年五月まで数回にわたって招待所で一緒に暮らし、最後に別れたとき、めぐみさんはその赤いスポーツカバンをひとみさんにプレゼントしたのだった。

ひとみさんは一九歳、めぐみさんは一三歳、一〇代の女性二人は、奇しくも近い時期に新潟から無理やり平壌に連れてこられ、一時期同じ招待所で生活していた。しかし、一人は二二年前に故郷の佐渡に戻って今は三人の孫を持ち、歴代首相に拉致問題の解決を訴え続け、もう一人は韓国の拉致被害者と結婚し娘を出産したものの、精神的に支障を来したとされ、九四年の入院後の安否が不明のままになっている。北朝鮮当局に怒りを覚えると同時に、どうして二人の運命の落差は生じたのか、私は問い続けている。翻弄される女性二人の北朝鮮での日々を追った。

一九五九年に曽我茂さんとミヨシさんの長女として新潟県佐渡郡真野町に生まれた曽我ひとみ

さん。父茂さんは若いときから酒浸りの生活をし、「飲んでは暴れて、家族に暴力を振るうこともしばしばあった」と近所でよく言われていた。ミヨシさんは朝早くからセメント工場で働き、油を型枠に塗りコンクリートを流してセメント管を造る作業をしていた。そして仕事から帰ると、夜遅くまでざるを編む内職をしながら、ひとみさんと六歳年下の妹を育てた。家庭の事情で、ひとみさんは中学校を卒業した後、夜間高校に通いながら准看護師として働いていた。

一方のめぐみさんは、日本銀行勤めの父滋さんと京都出身でおしゃれな母早紀江さんの長女として生まれ、四歳年下の双子の弟たちとともに愛情たっぷりの家庭で育った。七歳からバレエの習い事に励み、写真を撮られるときはいつもポワント(つま先立ち)だったと、早紀江さんが振り返る(**写真1**)。

写真1　双子の弟と10歳のめぐみさん(1974年広島、横田滋さん提供)

他人の人生を評価する立場にはまったくないが、乱暴な言い方をすると、めぐみさんの傍目にも恵まれた環境とひとみさんの不幸とも言われる生活、それが北朝鮮という特異で恐ろしい空間に閉じ込められたとき、二人の運命がむしろ反転したのではないかという気がしてならない。

拉致は国家犯罪であると同時に、人権侵害・蹂躙というのが本質だろうと強く思う。

ひとみさんが語るめぐみさんと過ごした招待所生活

拉致被害者が帰国して数年後、曽我ひとみさんから聞いた話を紹介したい。

一九七八年、万景台招待所の夜、電気のついていない暗闇のなか、ひとみさんはめぐみさんと一つの布団にもぐり込み、日本語でひそひそ話をしていた。

めぐみさんは、ひとみさんが足をケガしているのを見て、「その足のケガ、どうしたの？」と聞いた。ひとみさんは「実は、私、日本で自分の家のすぐ近くで男の人に捕まって無理やり朝鮮に連れてこられたの。その時にケガをしたの」と答えた。

めぐみさん「え？　ひとみさんも、無理やり連れてこられたの？」

ひとみさん「めぐみさんもそうなの？」

めぐみさん「うん。部活の帰りに、家の近くの曲がり角で後ろから襲われた」

ひとみさん「二人とも同じだね」と、お互いに慰め合った。

また、ある時めぐみさんはうれしそうに自慢しながら「お母さんはね、いつも香水をつけていて、とってもいいにおいがするんだよ」と話した。

それを聞いたひとみさんは、「全然違う私の母のことを言おうかどうしようかと迷った。毎日工場に通って、帰ってくれば油のにおいしかしない母だったから」と感想を漏らした。「でも、私にとってはこの母のにおいが今でも忘れられない」と話す。ひとみさんは、何事も耐え忍んで従順でありながら、芯の強い性格だ。

一九七九年の春に、一人の工作員が招待所に教えに来た。辛光洙という名前で、〝辛先生〟と呼ばれていた。それまで指導員しかいなかったが、辛先生は二人の教育係になった。辛先生は一度いなくなったが、再び戻り、ひとみさんがめぐみさんと別れた一九八〇年五月まで、ずっと教育係をしていた。

辛先生こと辛光洙は、同年六月に宮崎の青島海岸で原敕晁さんを拉致し、また、その二年前の一九七八年七月に、福井の小浜公園展望台から地村保志・浜本富貴恵のアベックを拉致したことが警察の調べで明らかになっている。日本と北朝鮮の間に行ったり来たりしていた工作員としての働きぶりは八面六臂とも言えるが、一人が何役も担うことから、拉致の特殊機関とされる「朝鮮労働党対外情報調査部」の人数はごく少数と考えられる。

ひとみさんの学習生活は、毎日、午前中に辛先生がやってきて、特に立って挨拶しなければいけないこともなく、そのまま二階の応接室か一階の勉強部屋で、座ったままリラックスした気分で勉強を始める。時々お互いに「おはよう」という程度の挨拶も交わすが、いきなり学習開始ということもよくある。辛先生は机の向こう側に座り、ひとみさんとめぐみさんは椅子を並べて、反対側に座る。めぐみさんは朝鮮語の他、辛先生から数学、物理、歴史も習っていた。歴史とは朝鮮の歴史で、日本との戦争の話も含まれていた。めぐみさんが数学などを勉強している間、ひとみさんは隣で朝鮮語の復習をしていた。辛先生は、とても知識が豊富だったという。

ある日、部屋に誰もいないときに、辛先生が朝鮮語で小さい声でひとみさんに「めぐみさんを連れてきたのは自分だ」と話した。しかし、めぐみさんが辛先生に会ったときに「初めて」というような反応だったので、実行犯というより「自分が所属している機関が連れてきたとか、自分が指示したとか…という意味だろう」と、ひとみさんは理解した。
招待所での暮らしは、こんなスケジュールとなっている。

朝　起床
朝食　料理人がつくってくれる朝飯(パンも)を食べる
午前中　辛先生や指導員が来て、勉強
昼食　食事後、一時間程度の昼寝
午後　勉強
夕食　夕方からテレビをよく見ていた
就寝

万景台招待所は二階建て、一階には手前にダイニングがあり、その後ろに台所と料理人の部屋、さらに、隣に勉強部屋に机と椅子があって、トイレと風呂場もついていた。二階にはソファーがある応接間がある。チンダルレの北朝鮮製テレビが真ん中に置かれていて、テレビの放送時間は、平日と土曜日は夕方五~一〇時半、日曜と祝日は全日であった。応接間の隣が寝室で、ベッド一つ、化粧水や乳液も置いてあった。それぞれの部屋に、金日成主席の肖像画が飾られていた。

指導員には「ひとに、どんなことをしてきたかを言うな」と注意された。最初の万景台招待所では外に出られなかったが、龍城招待所では、指導員に「散歩するなら、庭だけ」と言われ、二人は庭でよく散歩していた。指導員も近くを行ったりきたりしていた。その後の東北里招待所では後ろに山があって、二人は他人に見られないように時々山に行くことがあった。

きれい好きでがんばり屋　めぐみさんの思い出

よく遊んでいたのは、卓球、縄跳びとボール遊びだった。ある日、指導員が卓球台を庭に運んできて、「これで遊びなさい」と言われた。二人は庭で卓球をした。「めぐみちゃんは結構上手だったけど、私はそうでもなかった」という。

万景台招待所一階のダイニングにアイスクリームを作る機械があって、料理人が作ってくれた。とてもおいしくて二人とも大好物だった。普通は機械からスプーンでアイスクリームをとりお皿にのせて食べるが、機械の底に少しアイスクリームが残るので、指でとって舐めていた。料理人に毎日作ってもらえないかと何度も頼んだが「そういう訳にはいかない」と断られたという。

めぐみさんは大変きれい好きで、寝る前に必ず足を洗ってからベッドに入る。自分たちのものはそれぞれ自分で洗濯していた。洗濯機もあったが、固形の石鹸を使ってほとんど手で洗い、庭に干していた。朝鮮特有の洗濯棒もあったが使い方がよくわからなかった。めぐみさんは若いのに、人に頼らずにがんばって自分で洗っていた。「アイロンだけ時々私が手伝ったりした」と、ひとみさんが説明を加える。

当初めぐみさんは髪の毛が短かったが、だんだん伸びてきて、髪を切ってパーマをかけたこともある。「めぐみちゃんはどんなことに対しても、一つずつ覚えていこう……と、一生懸命がんばっていた。他人には涙を見せない。負けず嫌いというか、いつも元気そうだった」という。

めぐみさんと別れた約一年後、ひとみさんは大同江百貨店で共通の知り合いである女性店員から、めぐみさんの小さなメモを受け取ったことがある。ひとみさんの記憶によると、差出人の署名もなく、いきなり「カ・ナ・タ」という朝鮮語の「あいうえお」から始まり、「朝鮮語の勉強は進んでいますか」と書いてあったという。

一九八一年以降、二人の交流は途絶えていた。

日朝首脳会談がおこなわれた二〇〇二年九月、平壌の空港で目の前にいた女の子が「あのめぐみさんの娘だ」と指導員から聞かされ、ひとみさんは彼女を抱きしめて涙が止まらなかったという(写真2)。

写真2　曽我ひとみさんとキム・ウンギョンさん(2002年9月平壌・順安空港、外務省提供)

忠龍里招待所にいた日本人拉致被害者

帰国した拉致被害者本人、そしてその家族と関係者から取材した内容をここに書き記す。

二〇〇四年五月二二日に蓮池・地村両家の五人の子どもたちが北朝鮮からの帰還を果たした。その後蓮池夫妻は、自分たちが北朝鮮で横田めぐみさんとともに生活した日々について、横田家に全部話そうと決心した。翌月一五日に新潟・柏崎から極秘で上京し、東京都内のホテルの一室で、横田滋さんと早紀江さんに数時間にわたって詳細に語っていたことが取材でわかった。その内容を主軸に、日本テレビ報道局拉致問題取材班の総力取材に基づいて制作したのが報道ドラマスペシャル『再会〜横田めぐみさんの願い〜』である。この中に盛り込むことができなかった内容を加え、また、帰国直後に拉致被害者が政府の聞き取り調査に応じた内容をまとめた極秘文書、いわゆる「中山ファイル」の一部も加えて、拉致被害者たちの北朝鮮での生活の実態を明らかにしていきたい。

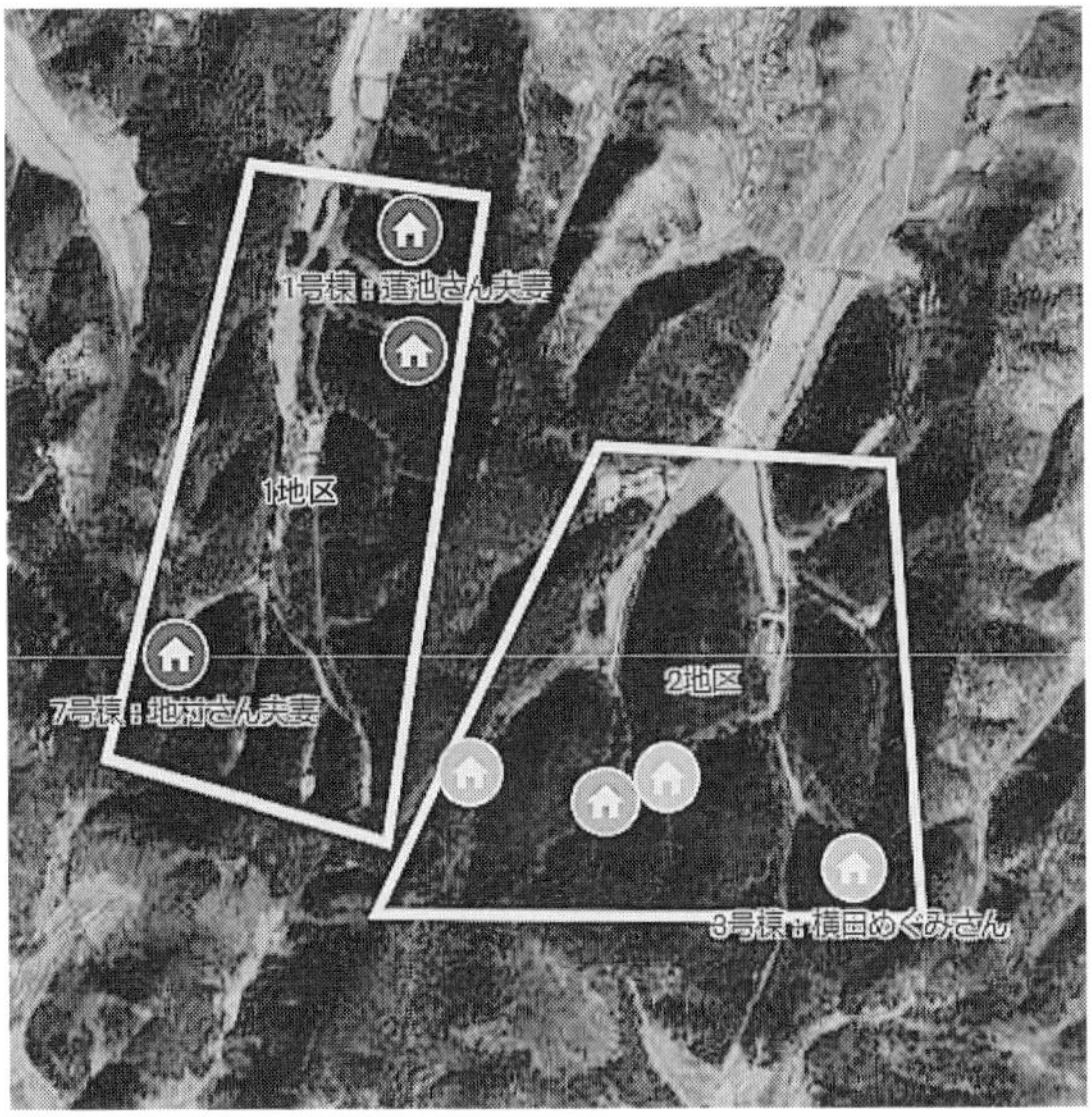

写真３　忠龍里招待所とされる村落を捉えた衛星写真（日本テレビ報道局作成）

平壌の南東約二〇キロにある中和（チュンファ）郡に、拉致被害者が暮らす忠龍里招待所という秘密の村落がある。衛星写真からもその場所を確認することができる（**写真３**）。一九七九年一一月に地村保志・富貴恵夫妻が七号舎に、一九八〇年八月に蓮池薫・祐木子夫妻が一号舎に入った。彼らは、この招待所に通う工作員に日本語を教えていた。

一九八三年秋、一九歳のめぐみさんも同じ招待所の三号舎に転入したが、そのときすでに情緒不安定で、躁鬱状態になっていたという。毎日、指導員に向かって机を叩き、大声で「帰せ！」と言ったりしていた。蓮池夫妻は、めぐみさんの部屋で「拓也・哲也」という双子の弟の名前が書かれた紙を何度も見たことがある。また、めぐみさんが拉致されたときにカバンに入っていたディズニーの「一〇一匹わんちゃん」のイラストが描かれたアルミの弁当箱や、母の早紀江さんから誕生日にもらった赤い爪切りを大事に持っていたという。

同じ時期の一九七八年に拉致された田口八重子さんは、めぐみさんと同じ三号舎に入り、半分世話役のような感じでめぐみさんの面倒をみていた。めぐみさんの激しい躁鬱症状から、誰か日本人のペアが必要との判断があったと思われる。また、北朝鮮の女性工作員が同じ三号舎に住み込み、めぐみさんに日本語を教えてもらっていた。女性工作員の名は金淑姫で、金賢姫元死刑囚の自叙伝『金賢姫全告白　いま、女として』(上・下、文春文庫、一九九四年)に登場する仲間の女性工作員である可能性が高い。田口八重子さんは酒が好きで、飲み過ぎて酔っ払った後によく地村家に遊びに行っていた。田口さんは寝転がって子どもたちを抱えて飛行機で飛ばすようなあやし方をよくしていたそうで、子どもたちに「飛行機おばさん」と呼ばれたという。

一九八五年に、蓮池夫妻、地村夫妻、めぐみさん、田口さんら全員が、忠龍里招待所の一地区から山の裏側にある二地区に移動するよう命じられた。そのとき蓮池夫妻が六号舎、地村夫妻が四号舎、めぐみさん・田口さんが三号舎となっていたという。

めぐみさんと田口さんの二人が部屋の中でプロパンガス自殺を図ったという話がある。すぐに発見され、二人とも無事だった。一九八六年春に、田口さんは学生時代にテニスをしていた頃に発症した持病の腰痛が再発し、工作員専用病院の九一五病院に入院した。退院後も忠龍里招待所に戻ることがなく、別のところへ転出したという。蓮池さんは、田口さんが「敵工地(平壌郊外にある海外での工作活動のための訓練所。軍の組織とされている）へ移った」と組織から聞かされた。

時期ははっきりしないが、あまりの退屈さで、蓮池祐木子さん、地村富貴恵さんとめぐみさんの三人はミニ楽団を結成した。富貴恵さんがアコーディオン、祐木子さんがピアニカ、めぐみさんはバイオリンを選んだ。これを聞いた早紀江さんは「めぐみちゃんはバイオリンをやってなかったけど、弟の拓也がバイオリンを習いよく家で弾いていたので、北朝鮮に連れて行かれためぐみちゃんもバイオリンを手にすることで弟に思いをはせていたんじゃないか」と感想を述べた。

祐木子さんによると、めぐみさんは祐木子さんとバドミントンもやっていた。バドミントンをしていたとき、めぐみさんはワインレッドのジャージを着ていた。寄居中学校バドミントン部のジャージもワインレッドである。部活帰りに拉致されためぐみさんは、スポーツカバンをひとみさんに贈ったが、中のジャージは後の生活にも着続けていたのではないかと考えられる。一方、同じ服かどうか定かではないが、あるとき、めぐみさんはお気に入りの赤い服を焼却炉に入れて燃やしていた。しかしその二、三日後に富貴恵さんに「私の赤い服は知らない？」と尋ね、自分で燃やしたことを全然覚えていないようだったという（写真4）。

写真４　20歳前後の横田めぐみさん（北朝鮮外務省提供）

めぐみさんの結婚と出産

めぐみさんの症状が一層悪化したため、組織からの「結婚すれば、精神的に少し安定するだろう」という指示で、韓国人拉致被

写真5　結婚直後の金英男さんとめぐみさん(平壌・凱旋門の前で)

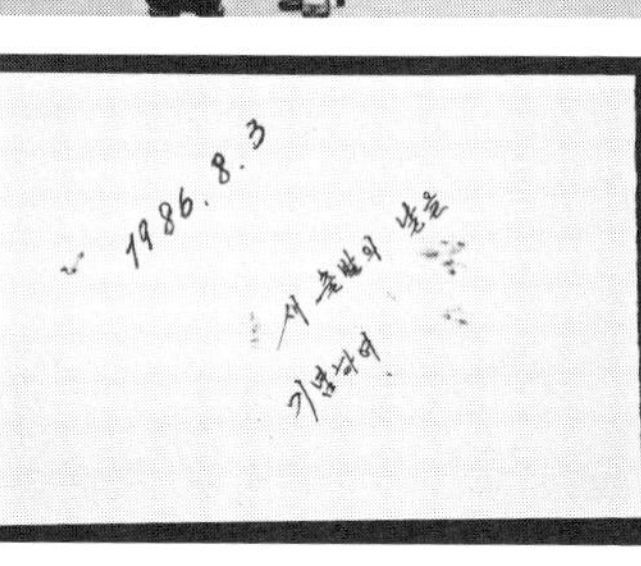

裏面　「1986年8月3日　新しい門出を記念して」

害者の金英男さん(北朝鮮ではキム・チョルジュンという名前を使っている)に日本語を教えることをさせられ、その後、結婚する運びとなった(写真5)。

　金英男さんは当時、忠龍里招待所二地区の五号舎に住み、工作員に韓国の言葉、文化、習慣などを教えたり、翻訳したりする仕事をしていた。蓮池さん、地村さんと同じ職場の同僚である。めぐみさんと一緒に生活するため、五号舎から三号舎に移った。金英男さんは、精神状態が不安定なめぐみさんと結婚させられたことについて、後に「だまされた」と蓮池さんに愚痴をこぼしていたそうだ。

　一九八六年七月、蓮池夫妻、地村夫妻は忠龍里招待所から、順安空港から南東に約五キロ離れた太陽里招待所に引っ越した。同年八月に結婚した金英男さんとめぐみさん夫妻も、年末に太陽里招待所に移された。太陽里招待所での生活は比較的自由だったようだ。地村保志さんは、自分ひとりでトヨタのランドクルーザーを運転していたという。

一九八七年九月、めぐみさんは娘のウンギョンちゃんを出産した(写真6)。しかし、一時的に安定していたと見られる精神状態が、マタニティブルーでますます情緒不安定になっていったという証言がある。セットされたばかりの自分の髪の毛をハサミでぐちゃぐちゃに切ったり、ナイフを枕の下に置いたりして、まったく手に負えない状態だったという。さらに、自分の手首を切って自殺を図ったことがあると、ある拉致被害者が政府関係者に語ったという。また、突然、ウンギョンちゃんの洋服をハサミで部屋中にバラバラに切り散らかして、ウンギョンちゃんはよく泣きながら、近くの蓮池家に避難していたそうだ。めぐみさんは前述の工作員専用九一五病院に入退院を繰り返し、その数日間、ウンギョンちゃんの面倒は蓮池夫妻がみていた。めぐみさんが服用する薬の一部を日本から取り寄せるため、蓮池さんは組織に薬の名前を朝鮮語から日本語に翻訳させられた。「副腎皮質ホルモン」系の薬だったという。

写真6　ウンギョンちゃんの１歳誕生日を祝う金英男さんとめぐみさん。テーブルに「祝・一周年」の二段ケーキや食べ物、果物などが置かれている

　めぐみさんが精神的に安定している時は、蓮池夫妻、地村夫妻と家族ぐるみで、元山にある海水浴場や、遊園地に遊びに行ったりしたことがある。その時に一緒にいた指導員が撮った写真を、蓮池薫さんが二〇〇二年一〇

写真7　元山で海水浴を楽しむ蓮池さん一家、後ろに水着姿のめぐみさんと浮き輪に入っているキム・ウンギョンちゃんと後頭部が写っている金英男さん

月帰国の際に日本に持ち帰った。写真をよく見ると、背景には水着姿のめぐみさんと浮き輪に入っている子ども、金英男さんの後頭部が写っている（写真7）。

もう一枚には、遊園地のゴーカートの後ろにしゃがんでいた金英男さんの姿が見える（写真8）。

二回脱走の末、義州の四九号予防院へ

九〇年代に入ると、めぐみさんは、ますます頻繁に「日本へ帰りたい」と訴え続ける。蓮池さんは、何度も明け方まで「がんばっていれば、いつか日本に帰れるから」と励ましたり、「あともう少し我慢して」と慰めたりしていたという。

また、めぐみさんは二度ほど招待所から脱走しようとしたことがある。一回目は一九九〇年冬で、順南空港を目指したが、寒さのため途中で諦め引き返して、大事に至らなかった。二回目は一九九四年二月に万景峰号が停泊する港に行こうとした。脱走の途中で捕まって、連れ戻された。

本来ならば、このようなことが「上」にばれたら、関係者全員が左遷か「山送り」(政治犯収容所)になるはずだが、蓮池さんが担当指導員に懇願した結果、「上」に伝わらないようにしたという。しかし、めぐみさんは脱走未遂への措置として、中朝国境の近くにある義州の四九号予防院(隔離病棟)に送られることになった。

一九九四年三月中旬の出来事だった。蓮池薫さんを拉致した実行犯で、後に指導員になったチェ・スンチョル課長と運転手が招待所にやってきて、めぐみさんを車に乗せて三人で義州に向けて出発した。見送りに来た夫の金英男さんと祐木子さんに、めぐみさんは、「遠くの病院に行く、治ったら帰ってくる」と言い、その時のめぐみさんの様子は特別に変わったことがなかったという。数日かかる長旅になるということで、祐木子さんは防寒用の毛布をめぐみさんに持たせてい

写真8　遊園地のゴーカートの後ろにしゃがんでいる金英男さん

写真9　金英男さんとウンギョンさん(金英男さんの母崔桂月さんが提供)

た。数日後、運転手が帰ってきて、「義州の病院に行って来た。病室は一人部屋で、テレビも置いてあり、ちゃんとしていた。専門の看護師がついていてめぐみさんとは友達になれそうだ」と言ったそうだ。その運転手はおそらく義州で一泊してきたのだろうと、薫さんが政府の聞き取りに話した。

一方、地村保志さんは歯周炎の治療、富貴恵さんは子宮筋腫を取るため平壌の工作員専用病院に入院していて、めぐみさんの出発に立ち会えなかったそうだ。後日、蓮池薫さんが地村夫妻を病院に見舞った際、「めぐみさんは義州の病院に入った」と伝えたという。

その後、めぐみさんの消息は途絶えた。

娘ウンギョンさんの入学と夫金英男さんの再婚

めぐみさんが義州の隔離病棟に送られる一年前の一九九三年に、六歳になったウンギョンさんは、蓮池さんの長男、長女と一緒に中朝国境付近の新義州にある小中一貫の寄宿学校に入った。特殊機関の子どもたちが入る専門の学校である。年二回、夏休みと冬休みしか家に帰ってこない。子どもたちが平壌にいるといろいろ喋って秘密漏洩の恐れがあるので、遠く離れている全寮制学校に入れられたようだ(写真9)。

後に、金英男さんは、めぐみさんが病院で亡くなったことを組織から聞かされたとの話がある。金英男さんは招待所の食堂で働く北朝鮮女性パク・チュンファさんを〝引っ掛けて〟、一九九七年に再婚した。「出来ちゃった婚」だった。パクさんの両親に猛反対されたという。二人の間に男の子が産まれたが、一年半後の一九九七年か九八年に肺炎で亡くなった。一九九九年に第二子の男の子チョルボン君が誕生し、ウンギョンさんの一二歳年下の異母弟となった(写真10)。

「拉致してきた日本人を殺せ」という指令

帰国した拉致被害者の家族からこんな話を聞いた。非常にセンシティブな話だが、確認の術もなく、そのまま記しておく。

写真10　金英男さん、キム・ウンギョンさん、再婚した妻パク・チュンファさんと息子チョルボン君の家族写真(金英男さんの母崔桂月さんが提供)

一九八七年一一月に大韓航空機爆破事件が起き、翌年の八八年に金正日氏より「拉致してきた日本人を殺せ」という指令が下された。蓮池さんと地村さんの指導員は、「蓮池も地村も共和国で一生懸命がんばっている。トラブルにならない」と言って組織と交渉して、必死に守ってくれた。蓮池夫妻、

写真11　地村保志さんと富貴恵さん夫妻（1985年、平壌）

地村夫妻の四人は処刑されずに済んだが、他の人がどうなっているのかわからないという（写真11、12、13）。

一方、蓮池薫さんは、拉致されてから早い時期に、指導員に「池田大作というのはどんな人物か」と聞かれたことがある。一九七八年八月に拉致された鹿児島出身の市川修一さんは、創価学会の学会員で、学会による影響が相当強かったと見られる。北朝鮮の主体思想に馴染まなかったのではないかと推測される。市川さんと一緒に拉致された増元るみ子さんも学会員で、学会青年部の勉強会で市川さんと知り合い、二人の交際が始まった。一九七九年一〇月から約一年間同じ招待所で暮らしていた奥土（蓮池）祐木子さんによると、「ある日、るみ子さんが創価学会の思想が主体思想とよく似た部分があると一言言ったら、ひどく指導員に怒られた。るみ子さんは泣きながら外に出て行った」という。

一九七八年夏に拉致されたアベック三組については、北朝鮮に着いた最初の頃、蓮池薫さんと地村保志さんは同じ招待所に入れられ、奥土祐木子さんは増元るみ子さんと、浜本富貴恵さんは田口八重子さんと一組となって、それぞれ招待所で過ごしていたことが判明している。

市川修一さんだけは、帰国した五人の拉致被害者から何ら証言も得られていない。

謎の日本人料理人

帰国した蓮池夫妻、地村夫妻と曽我ひとみさんが北朝鮮で実際一緒に暮らしたことがある日本人は、横田めぐみさん、田口八重子さんと増元るみ子さんの三人だけである。

それ以外に、忠龍里招待所二地区の一号舎と二号舎に、それぞれ中年の日本人男性が住んでい

写真 12　蓮池薫さんと祐木子さん夫妻(1992 年、平壌)

写真 13　蓮池薫さんと祐木子さん夫妻(1995 年、平壌市江東郡文興里の高句麗遺跡群で)

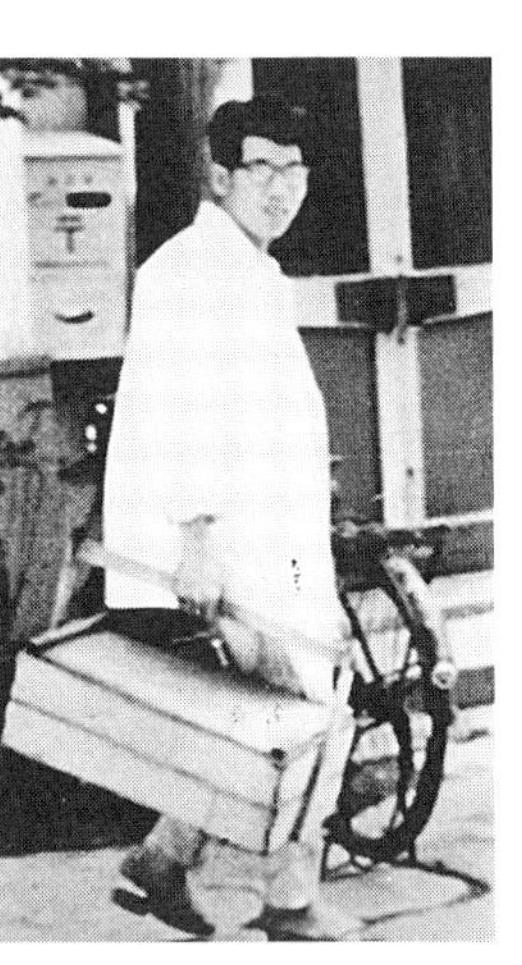

写真 14　大阪市内の中華料理店で働いていた原敕晁さん（失踪前の 1970 年代、大阪）

た可能性が高い。蓮池夫妻は一九八五年暮れ頃、「背の低い小太りの中年男性がいて、直接話す機会はなかったが、移動する際に何度か見かけた」と話し、蓮池さんの指導員から「彼は日本人だ」と告げられたという。また。蓮池さんは「料理がうまい日本人がいる」という話を耳にしたことがあり、地村さん夫妻も、「中華料理を作るのが上手な料理人がいる」と招待所で働く管理員のおばさんから聞かされた。

北朝鮮当局の発表では田口八重子さんが一九八四年一〇月に原敕晁さんと結婚したとなっているが、最近になって、蓮池薫さんは「組織は、原さんを田口さんと結婚させようとしたフシがあって、田口さんが「どんな男か見せてほしい」と言って、遠巻きに見せてもらったところ、「あんなジジイは嫌だ」と猛烈に拒否した」と話したという。

田口さんは、拉致される前に東京・池袋のキャバレー「ハリウッド」でホステスとして働いていた。男性との付き合いについては経験豊富であっただろうから、「あんなジジイは嫌だ」という反応を示すのも不思議ではない。既述のように一九八六年春頃、田口さんは「敵工地へ移った」と言われ、忠龍里招待所から姿を消したが、その翌年に、地村富貴恵さんは運転手から外貨ショップで田口さんに会ったが、「車のナンバーが人民武力部（後に国防省、現国務委員会）のものだった」と聞いたという。

原敕晁さんを拉致し、身分を「背乗り」した工作員辛光洙は、一九八五年初めに「日本人・原敕晁」として韓国・ソウルに潜入し、工作活動を始めたものの、入国間もない二月に、関係者の通報によって韓国国家安全企画部に逮捕された。それで初めて、日本で原敕晁さんが北朝鮮に拉致されたことが明らかになったのである(写真14)。

横田めぐみさんの「骨壺」には歯が入っていた

二〇〇四年一一月、拉致問題の再調査のため、藪中三十二外務省アジア大洋州局長が団長を務める日本政府代表団が訪朝した。その際、夫の金英男さんが横田めぐみさんのものとされる「遺骨」を藪中団長に手渡した。

翌一二月に細田博之官房長官は記者会見を開き、「遺骨をDNA鑑定の結果、他の二人の骨が混ざったものであることが判明」と発表した。日本国内では「北朝鮮が偽物の遺骨を渡した」という見方がほとんどだが、イギリスの科学雑誌『ネイチャー』の記事では、鑑定を行った帝京大学法医学研究室講師の吉井富夫さんは、「火葬された標本の鑑定は初めてで、今回の鑑定は断定的なものとは言えない」と答えたという。数カ月後に吉井さんは警視庁科学捜査研究所法医科長に転職し、公務員の守秘義務を理由に外部の取材を断り続けた。

他にもいまだに謎に包まれていることがある。二〇〇六年七月、藪中調査団のメンバーの一人が私のオフレコの取材に対し、「金英男さんが藪中さんに渡した「骨壺」に、骨以外に歯が混じっていた」と話した。そして歯の所在は、「帝京大学か科学警察研究所か官邸にある」と証言した。また、藪中調査団には、北朝鮮当局から横田めぐみさんのものとされるカルテも渡されていた。かなり分厚いものだったという。その中にめぐみさんの歯の治療や、歯を抜いたり差し歯にしたりする記述があり、いろいろなデータが残っていた。「骨壺」に入っていた「歯」は、そのカルテにある歯のデータと符合し、横田めぐみさんの本人の歯のようだという。しかし、金英男さんの話では、一度埋めていた「遺骨」を友人三人と掘り出し、火葬して、例の「骨壺」に入れたということになっている。一五〇〇度を超えるような温度で骨を焼いたら、歯はすぐに溶けるはずである。「だから、なぜ歯が「骨壺」に入っているのか謎なのよ」と、調査団メンバーの一人は疑問を呈していた。「遺骨のＤＮＡ鑑定云々というよりも、歯が入っていることで金英男さんが説明したストーリーがおかしいということになる。なぜか、警察側はずっとこの情報を極秘にしている」と、こっそり教えてくれた。

その後、拉致問題を担当する複数の警察幹部にこの話を当てたところ、「歯が入っていたとは聞いていない」「もし、歯が入っていたとしても、それは横田さんのものではない。絶対にない」と否定され、それ以上裏付けられる情報がなく、今も謎のままである。

その調査団メンバーは、こんなことも明かした。「横田めぐみさんの分厚いカルテは、全部僕ひとりで訳した。かなり悲しいものがあった。めぐみさんは、一人のときに、いつも日本語でぶつぶつしゃべっていた。血圧はすごく低くて、上の数値が一〇〇も行かない。昼まで寝ていて、午後起きて、夜中まで徘徊したりしていた」。

めぐみさん拉致の情報は韓国情報機関から流された

横田めぐみさん拉致事件の発覚については、第1章に詳述されているが、一九九六年九月、朝日放送ディレクター石高健次さんが書いた「私が『金正日の拉致指令』を書いた理由」に端を発する。この記事には、その年に韓国情報機関の高官と取材で会った際、一九九四年に北朝鮮から亡命した元工作員から出た話として、以下の内容が記されていた。

おそらく一九七六年、一三歳の少女が日本の海岸から北朝鮮へ拉致された。少女は学校のバドミントン部の練習を終えて、帰宅の途中だった。少女は「朝鮮語を習得すればお母さんのところへ帰してやる」と言われて一生懸命勉強した。一八歳になった頃、それが叶わぬこととわかり、少女は精神に破綻をきたしてしまった――。

実は、二〇〇六年に、私は韓国国家情報院から東京の韓国大使館に出向していた参事官Ｋさんに、あることを教えてもらった。「一三歳の少女が拉致され、……北朝鮮で精神に破綻をきたした」というのは、韓国に亡命した元工作員ではなく、東南アジアで活動している現役の北朝鮮工作員が韓国側にもたらした情報だという。二重スパイなのか、それとも後に韓国に亡命したか、Ｋさんは言及しなかったが、少なくとも私が話を聞いた二〇〇六年時点で東南アジアで活動中の工作員が、過去に工作員専用の九一五病院に入った際に見聞きしたかわいそうな話として韓国の国家情報院に伝えたのだ。Ｋさんは、「その情報を持っている人は北朝鮮の現役工作員で、身分を明かせないため、代わりに亡命した元工作員に伝えてもらった」と私に説明した。また、「安明進は元工作員のスポークスマンのような存在だ」といい、「当時我々は、石高さんのような日本人ジャーナリストや日本の警察にも情報を流した」と語った。

二〇〇二年以降、日本政府は、亡命工作員発言と帰国した拉致被害者証言のクロスチェックをおこなっていた。ある警察庁警備局幹部は、「安明進さんの横田めぐみさんに関する証言については、拉致から精神病を患い入院したところまでは帰国した拉致被害者の証言と合致するが、「金正日ファミリーに日本語を教えている」という発言は、精神状態が不安定な人を金正日ファミリーの家庭教師に充てるとは到底考えられないので、ウソと言っていいだろう」と話している。

帰国した拉致被害者が語った二〇〇〇年以降の生活

蓮池夫妻と地村夫妻の四人は、二〇〇〇年三月に太陽里招待所から双鷹(サンメ)招待所に移されたが、以前の生活と比べ、かなり厳しく監視・教育されたという。それは、ちょうど日朝間で外務省田中均アジア大洋州局長と北朝鮮の〝ミスターX〟との秘密交渉が始まる時期と重なる。

地村夫妻によると、これまで使っていた九一五病院には病気になっても行けなくなった。というのは、めぐみさんがたびたび九一五病院に入院していたが、それを見聞きした北朝鮮の工作員が韓国側に伝え、やがて、その女性は拉致された横田めぐみさんだったことが世間で知られるようになり、それを受けて拉致被害者は九一五病院を使ってはいけなくなったそうだ。地村夫妻の話は前述のK参事官の情報と符合する。

その後、日朝間の秘密交渉がさらに進んだことからなのか、二〇〇二年六月に四人は双鷹招待所から平壌市内高層マンションに移された。日本の両親や家族を北朝鮮に呼び寄せるための住まいでもあったと見られる。平壌市内の高層マンションで、四人は、拉致されてから今までどんなことをしてきたか、どんな人と会ってきたかを、長期間にわたって打ち合わせをさせられていた。北朝鮮当局の管理がずさんで、これまで指導員が頻繁に交代していて、拉致した当初の経緯を知っている人がほとんどいなくなり、新しい担当者が「李恩恵(田口八重子)は知らないか」「めぐみさんは何年に入院したか」といった質問をし、拉致被害者本人の答えを聞いて、記録を作っていたという。あるとき蓮池祐木子さんと地村富貴恵さんが勘違いして、「めぐみさんは九三年に入院した」と答えたそうだ。そのせいなのか、北朝鮮当局は日朝首脳会談の際に、「めぐみさんが一九九三年に入院・死亡」と発表した。

蓮池夫妻によると、指導員に「お前たちがこの国に来た理由を考えろ」と言われ、拉致されたのではなく、別な何かの理由で北朝鮮に来たのだというシナリオを自分たちで考え出せというのだ。蓮池薫さんは、「祐木子を誘って、モーターボートに乗って海に出た。途中でエンジンが故障してストップしてしまい、どんどん沖に流されていった。二人とも不安が募ってきて、どうしようと言っていたところへ、北の船が通りかかり助けてくれた」というストーリーを作った。

また、祐木子さんが「二〇〇二年に国家機関員らしき人たちが病院の裏で「これが横田めぐみの骨じゃないか?」などと言いながら土を掘り返す作業をしていたのを見た。その様子は結構本気で探しているように見えたが……」と、帰国直後の政府の聞き取り調査に答えたという。

子どもたちを平壌に残した判断は強制だったか

二〇〇二年当時、蓮池夫妻には、平壌外国語大学に通う長女重代さん(二一歳)と電子計算機単科大学の長男克也さん(一七歳)がいて、地村夫妻には、金亨稷(キムヒョンジク)師範大学の長女恵未さん(二一歳)、平壌機械工業大学の長男保彦さん(一九歳)、楽浪中学校の次男清志さん(一五歳)がいた。子どもたちは普段は寄宿舎生活で、夏休みと冬休みには招待所の家に帰ってくるという生活をしていた。

平壌の高層マンションに集められた四人は、「自分たちがどう北朝鮮に救出されたかというシナリオ」の練習に明け暮れていたが、日朝首脳会談の直前になって、突然「これまで考えていた筋書きは言わなくてもいい」と告げられた。

そして、九月一七日の首脳会談当日、四人は会場となる「百花園招待所」のすぐ近くに待機させられ、もしも小泉首相と面会することがあれば、「自分の親に北に会いに来てほしい」と話すよう命じられた。しかし、当の小泉首相本人は、首脳会談で金正日総書記に「拉致被害者八人死亡、五人生存」の情報を伝えられたあと、平壌の記者会見場で「帰国を果たせず亡くなられた方々のことを思うと、痛恨の極みであります」と言い残し、生存者との面会を求めることなく、その日の内に日本に帰った。

蓮池薫さんの兄の透さんは、「あの日、もし拉致被害者五人が平壌で小泉首相と面会していたら、その後の展開はなかった。北朝鮮での弟たちの呼びかけに応じて、私たちは「平壌詣で」をしていたのだろう」と振り返る。

会談の後、日朝政府間交渉によって決まった拉致被害者五人の一時帰国について、蓮池夫妻と地村夫妻は、それぞれ指導員に「子どもはどうするのか」「子どもも連れて行けば」と言われたが、いずれもその場で「いや、子どもを置いていく」と即答したという。曽我ひとみさんに至っては、アメリカ人脱走兵の夫と娘二人がいたため、そもそも家族が日本に行って生活するという選択肢はなかったのである。

蓮池薫さんが帰国当初、兄の透さんにこう語った。「北でうまく生きていく方策は「なんでも従順にする」。指導員との関係を良好に保ち、心証をよくしておかなくてはならない。そうやって従順にしていれば、指導員も「上」の人間に褒められるので、彼らの顔も立ち、結果的に自分たちへの待遇もよくなる」という。

〝従順ではなかった人たち〟の運命はどうなったのか、闇に消えたままにすることなく、これからも追及していかなければならないと思う。

曽我ひとみさんの数奇な人生

曽我ひとみさんの話に戻ろう。二〇〇二年一〇月一五日の平壌出発時に、曽我ひとみさんには、「日本に一時帰国し、二週間ほど滞在したあと、平壌に戻る」という想定しかなかった。それは、従順であることによって二四年間北朝鮮で生き延びられただけではなく、彼女は特別な事情を抱えていたからだ。

一九七八年八月一二日、ひとみさんは、新潟県佐渡郡真野町の自宅のすぐ近くで母ミヨシさんと二人で拉致された。ひとみさんは、そのときの状況をこう語る。

あの日は土曜日でした。当時、私は寄宿舎生活をしており、一週間に一回、土曜日に家に帰り日曜に寄宿舎に戻るのが当時の習慣でした。その日も、一日だけ家に帰り、夕食の材料を買うため母と一緒にお店に出かけました。

夕方七時か七時半頃、お店を出て歩いていたところ、突然後ろの方で何人かの足音が聞こえ、振り返ると男三人が並んでついてきていました。二、三分経ってもまだついてきており、道路沿いに大きな木のある家のところに来たところで、突然後ろから男たちが襲ってきて母と私を木の下に引きずり込みました。口をふさがれ、袋に詰められて、一人に担がれて行きました。

その後どこをどう行ったかまったくわかりません。母がどうなったのかもまったくわかりません。その後、小さな舟に乗せられ、川から海に出たもようで、沖に出て少し大きな船に乗り換えました。その後、翌日の午後五時ごろ船から下りました。

地元では、定職に就かず家で酒ばかり飲んでいた茂さんから、奥さんと長女が逃げたという噂がたちまち広がった。妹は身の回りの世話をしてくれる親戚の元で暮らすことになり、茂さんはひとりで自宅に残って暮らしていた。一九八一年に茂さんは、身体障害者(身体障害者手帳における下肢不自由五級)に認定された。一〇年前に茂さんが交通事故を起こしたことが原因で、酔った勢いでバイクに乗って旧佐和田町(現佐渡市)方面に行く途中、電信柱にぶつかってしまったのである。長い間、茂さんは毎日バスに乗って朝一番で佐渡総合病院や精神科の病院に薬をもらいに行っていた。精神を病んでいるためか、万引きをしたりする癖があったと地元で言われている。

二〇〇二年九月一七日、北朝鮮によって公表された拉致被害者「ソガヒトミ」の名前は、日本政府もマスコミも地元も、すべて〝ノー・マーク〟だった。

一方、平壌にいた曽我ひとみさんは、子どもの頃からそんな父を憎み続けていた。ひとみさんと母ミヨシさんは、友達のように仲が良く、何でも話せる親子だった。父の過度のアルコール摂取に対して、ひとみさんは子どもながら母ミヨシさんに離婚を勧めたという。

母とともに拉致されたひとみさんは、袋に入れられたままボートに乗せられ、その後、少し大きな船に乗り換えさせられた。大きな船に乗ってから、ひとみさんは袋から出してもらい、たどたどしい日本語を話す女性工作員、通称キム・ミョンスクに、「甲板に空気を吸いに行きませんか」と声をかけられたそうだ。

女性工作員キム・ミョンスクは、ひとみさんとめぐみさんの教育係だった工作員辛光洙と同じ朝鮮労働党対外情報調査部に所属し、一九七八年から七九年まで、めぐみさんと同居していない時期に、合わせて四カ月ほどひとみさんの指導員を務めた。また、一時的にめぐみさんとも同居した。途中から、ひとみさんとお互いに打ち解け、キム工作員は自分の生い立ちや身の上話をし、年が離れている弟はバイオリン奏者で、モスクワの国際コンクール（チャイコフスキー国際コンクール）に入賞したことも話した。また、ひとみさんに対し「私が拉致した」と白状し、「お母さんは帰した」「お母さんは日本で元気に過ごしている」と言った。

二〇〇二年一〇月の帰国前に、日本政府から北朝鮮に派遣された調査チームから日本にいる家族の現状を知らされたとき、ひとみさんは涙を流しながら、「私としては、母が生きていて、父が死んでほしかった」と調査チームに話したという。

「会いたかったです」に込めた思い

大きなショックを受けたまま、一〇月一五日に日本に帰ることになったひとみさんは、その日の記者会見で、たった一言だけ「会いたかったです」と口にした。帰国から二〇年後の二〇二二年一〇月、ひとみさんは「「会いたかったです」短い言葉ですが、あの時の私が心から言える精一杯の言葉でした。北朝鮮はお母さんは日本にいると言う。日本はお母さんは日本にはいないと言う。私の目で確かめるしかない。そして絶対に母に会いたいと強く願っていました」という自分の心境を綴った手紙を公表した。

拉致被害者五人の一時帰国をめぐって、帰国当初から「家族会」と「救う会」の闘争方針は、「拉致された人間をその犯罪国家に返すのはおかしい。原状回復を求めて、五人を日本で留めさせる」というものだった。蓮池夫妻と地村夫妻の家族、親戚、友人、さらに「救う会」幹部ら、政府側の安倍晋三内閣官房副長官と中山恭子内閣官房参与が一丸となって奪還作戦に取りかかった。マスコミも「直接取材しない」という紳士協定を結んでいるため、基本的に被害者本人に接触せず、ひたすら窓口となっている「家族会」と「救う会」に進捗状況を聞くことになった。また、政府内で二週間という口約束を取り付けた田中均局長派と、日朝首脳会談がおこなわれる直前まで何も知らされなかった安倍内閣官房副長官派の間に意見が割れていて、小泉純一郎首相がどちらにつくか決めかねていた状況だった。

ほかの四人と違って、佐渡に帰ったひとみさんは、「家族会」や「救う会」との関わりがなく、自宅の玄関先で父茂さんと感動的な再会を果たしたあと、毎晩飲んだくれている茂さんとよくケンカするようになった。

「一時帰国」の二週間という期限が迫る一〇月二二日に、官邸では安倍内閣官房副長官、中山内閣官房参与、谷内正太郎内閣官房副長官補、齋木昭隆アジア大洋州局参事官、田中アジア大洋州局長が集まって「北朝鮮に返すべきかどうか」について協議していた。そんな最中に、旅行中の赤倉温泉にいた蓮池薫さんから中山参与に携帯電話がかかり、「日本に残ることを決めた」と告げたという。その場で「五人を北朝鮮に返さない」という政府方針が固まり、小泉首相が報告を受け、承認した。地村夫妻が滞在する小浜市も、その政府方針を大いに喜んで受け入れた。

ところが、佐渡はそんな温度ではなかった。内閣府の参事官補佐は、中山参与の意を受けて急遽佐渡入りし、本格的にひとみさんを取り戻す作戦を開始したという。「とにかく毎晩、ひとみさんと一緒に飲んだ。飲んで嫌なことを忘れて、また次の日がんばろう」と、あの手この手を尽くして励んだと後に参事官補佐が振り返る。言ってみれば、ひとみさんにとってこの参事官補佐は日本版の指導員である。

一一月六日、佐渡を訪ねた安倍官房副長官と中山参与は、「五人を北朝鮮に戻さず、家族を日本に帰国させたい」という政府方針を、改めてひとみさんに伝えた。安倍副長官は、「政府が家族の来日を要求するので、待ってほしい」と話し、さらに、中山参与は「時間がかかると思う」と付け加えた。ひとみさんは「日本で一生懸命、待ちます」と答えたものの、複雑な心境だった（写真15、16）。

写真15　ジェンキンスさん、ひとみさんと長女美花さん(1984年、元山海水浴場)
左奥に映っているのはタイ人拉致被害者アノーチャーさんと脱走米兵の夫の間に生まれた息子

写真16　ジェンキンスさんの60歳誕生日会、後列左からチョイ・ミュンス指導員、“参謀長”と呼ばれる労働党幹部、娘二人のムン指導員(元国家副主席朴成哲の孫)(2000年2月18日、平壌の自宅で)

北朝鮮に残した家族との絆

一二月一八日、帰国後に拉致被害者五人は初めて新潟市内のホテルで再会した。翌日のホテル内の一室に顔を揃えた五人全員の胸に金日成バッジはなく、拉致問題のシンボルとなるブルーリボンだけが付けられていた。そのバッジ外しをめぐっては、五人と中山参与や家族会メンバーとの夕食会の席で、「金日成バッジを付けていることに違和感がある」という家族からの声があがり、その流れでバッジ外しが決まったようだ。

一九日の記者会見で、蓮池さんは「日本で子どもを待つ気持を確認し、バッジを付ける意味がなくなった」と話し、地村さんは「自分の立場をはっきりさせる」と答え、北朝鮮との〝決別宣言〟をした。一方のひとみさんは「同じ考えです」と話すに留まった。

佐渡に戻ったひとみさんは、夕食会で初めてバッジ外しを聞かされ、困惑していたと親しい関係者に明かした。ひとみさんにとっての金日成バッジとは、北朝鮮に残した家族との絆のようなものだった。ちょうど冬の時期に入り、その後の記者会見では、ひとみさんは必ずコートを着込んだまま臨んでいた。自分の映像が北朝鮮に流れる可能性もあると考え、上着にバッジを付けているかどうかわからないように、あえてコートを脱がなかったと友人にこっそり説明した。

同じ頃にひとみさんは、気持を抑えきれず、佐渡の拉致被害者・家族支援室に父の茂さんと別居したいと申し出た。支援室は、三ＬＤＫの町営住宅をあっせんし、ひとみさんの一人暮らしを応援すると同時に、マスコミに対して、「夫のジェンキンスさんと家族の帰国に備え、将来の生活設計を立てるために、手狭で父との同居が難しい実家を離れる」という説明を発表した。

ひとみさんと別居のままの二〇〇五年二月に、茂さんは長期入院生活の末、亡くなった。
二〇〇四年二月、拉致被害者が帰国して一年以上が経ち、家族の来日のめどが立たない中、自民党幹事長になった安倍氏と中山参与が再び佐渡を訪ねて、我慢の限界に達しているひとみさんを最大限に励ました。そのときの面談記録が残っている。

中山参与

この間、内閣官房の中で話をしていたら、「やっぱり家族三人も北朝鮮にいるから、ひとみさんは北朝鮮に帰りたいと言うじゃないか」と言うので、私からは「ひとみさんは日本で待つと言っているから、三人が帰ってくることが大事ですから」と言ったけど、いいですよね。

曽我ひとみさん

こんなに長くなると思わなかった。待ちましょう、待ちましょう、と待ってきたわけじゃないですか。また二倍三倍の時間がかかるならば、やっぱり人間だから、普段は明るく振舞っていても、限度があるというか、私だけじゃなくて、蓮池さんも地村さんもそうだろうし、向こうにいる家族も絶対そうだろうと思います。

私は日本人だからこちらで暮らしたいのは山々だけど、夫を説得しないことには、娘たちも絶対についてこない。縄をつけて、飛行機に引っ張って、もし日本に来たとしても、話し相手になるのは、絶対私一人だから、三人はそれぞれ言うことが全部違うと思う。娘は娘なりの考えがあって、夫は夫なりの考えがあって、それを一人でやっていくのは……。「家族だから、みんなで一緒に暮らせるなら、このくらいお母さんは我慢しなさい」と言われてしまえば、お終いですけどね……。

安倍幹事長

私たちも藪中さんのことを信頼しています。今後は、藪中さんに窓口を一本化して交渉を進めてもらいます。ジェンキンスさんのことは、またアメリカと交渉していくし、基本的に「八人の方々をこちらに連れてきてください」と、もしかしたら、向こうが「迎えに来い」と言うかもしれないけど、こちらは「とにかく日本に連れてきてください」と。そういう中で、「本人確認をしなければいけませんね、ということで、迎えに行くはありえますよ」と。しかし、無条件に日本に来るということが決まらない限りには、向こうに行かないということです。

これまで未公開だった面談記録から、ひとみさんは自分一人としては佐渡に残りたいが、家族を日本に連れてこられるかどうかに自信がなく、一年以上も自分を日本に留まらせていたことについて、安倍氏と中山氏に苛立ちを見せていたことがわかる。もう一点目を引くのは、安倍氏がひとみさんに、北朝鮮に迎えに行ってジェンキンスさんと子どもと空港で話をして、了解が得られたら飛行機に乗せて帰ってくるという案を説明する際、「藪中さんを信頼している。今後は、藪中さんに窓口を一本化して交渉を進める」と強調していることだ。拉致被害者五人の帰国までの交渉担当だった田中均氏は信頼できないが、今後は信頼できる藪中氏に変えるという、日本政府の方針転換を意味する発言である。

この安倍氏の発言内容を田中氏本人にぶつけたところ、田中氏は「そんなことを言ったんですか」と驚きを見せ、「あのミッションは安倍さんではなく、飯島勲首相秘書官が在日朝鮮総連と組んで実現させたことだった」と明かした。

インドネシアでの家族会議

話を戻そう。安倍氏らによる佐渡訪問の三カ月後の二〇〇四年五月二二日、小泉純一郎首相は再び平壌に行った。第二次日朝首脳会談の席で、小泉首相は金総書記にひとみさんの家族の来日を求めたところ、「行ってもよい」と、金総書記が返事した。しかしその後、小泉首相に面会したジェンキンスさんは、日本行きを希望するとはまったく言わず、困った日本側から「まずは第三国で家族会議を開いてはどうか」と提案し、それでジェンキンスさんがようやく同意したという。小泉首相は、蓮池さんと地村さんの子ども合わせて五人だけを連れて、東京に戻った。その日の夜、同じ赤坂プリンスホテルに宿泊したひとみさんは、待ち望んでいた家族が現れなかったことで、終始部屋で泣いていたようだった。

第三国で家族会議を開くという場所選びについて、ひとみさんの〝親友〟と自負する中山参与は、また剛腕ぶりを見せていた。当初、外務省は平壌からも日本からも行きやすい北京かモスクワで調整していた。しかし、中山参与は、北朝鮮に関係が近い中国とロシアでは、向こうの三人をうまく説得できないと考え、最終的にアメリカと犯罪人引渡し条約のないインドネシアを家族会議の場所に指定した。

だが、予想外に、北朝鮮を離れたジェンキンスさんに対する説得は決して難しくなかった。のちに、私が佐渡でジェンキンスさんに聞いたところ、ジャカルタへの飛行機に乗り込んだ瞬間からジェンキンスさんは「日本行き」を希望し、決心したという。ジャカルタのインターコンチネンタルホテルで、ひとみさんから、日本政府の働きかけによって仮にアメリカ軍の軍事法廷が開かれても「大した刑にならない」と聞いて、さらに安心したと教えてくれた。こうして、ひとみさんは二年かけて、家族とともに故郷の佐渡で暮らすことができたのであった。

二〇一七年一二月一一日、みぞれが降る寒い日、いつものように自宅でお酒を大量に飲んでいた夫ジェンキンスさんは、玄関先に倒れたまま低体温症で意識を失い、夕方、勤務先から帰った長女の美花さんに発見され、救急搬送したものの、病院で亡くなった。

横田めぐみさんの娘と曽我ひとみさんの今

横田めぐみさんの娘キム・ウンギョンさんは、一九八七年九月一三日生まれで、いま三六歳である。日朝関係筋によると、二〇〇二年日朝首脳会談当時一五歳だったウンギョンさんは、その後、金日成総合大学コンピューター学科に入学し、在学中に同じ大学に通う男性と恋愛し、卒業後の二〇一一年に結婚したという。

二〇一四年三月、横田夫妻は、モンゴルで孫のキム・ウンギョンさんと面会した。実は、その時キム・ウンギョンさんの名前の漢字が初めて伝えられた。「金恩京」という三文字。母のめぐみさんによって名付けられたそうだ。早紀江さんは、「私が京都生まれなので「京」というのが入っていて、私のことを思い出してつけたんじゃないか。「恩」は親への思いが込められたとか……」と驚いた。母になっためぐみさんが真っ先に思い浮かべたのは、早紀江さんの存在だったのだろうか。感謝を表す「恩」と早紀江さんを思わせる「京」を組み合わせた名前である。なお、本書の共同執筆者である有田芳生さんが北朝鮮当局からもらった文書では、キム・ウンギョンの漢字は「金恩慶」となっている。北朝鮮では名前の表記に漢字が使われないため、本人以外は漢字がわからないことが多い。

モンゴルでの面会から一〇年が経過し、面会に連れてこられた女の赤ちゃんは、一〇歳になった。ウンギョンさんは平壌で専業主婦として子どもを育てながら、日本へ思いを寄せているという。彼女は二〇二三年五月末に、新型コロナウイルス対策が少し緩和された北朝鮮から、韓国経由で、「二〇二〇年六月に死去した横田滋さんの墓前に自分の名前で花を供えたい」との意向を示した。これが、横田めぐみさんに関連する最新情報だ。しかし、彼女は、一貫して「母めぐみさんは自分が五、六歳のときに亡くなった」との主張を繰り返している。

横田めぐみさんと一時期一緒に招待所生活を送った曽我ひとみさんは六四歳になった。娘の美花さんとブリンダさんは、二人とも結婚し、母親となっている。三人の孫を持つひとみさんは、旧真野町の実家で一人暮らしをしながら、高齢者福祉施設で介護の仕事を続けている。二〇二三年七月、ひとみさんは上京して岸田文雄首相と官邸で面会し、日朝首脳会談の早期実現を求める要望書を手渡した。曽我さんは岸田首相に「拉致被害者を全員取り戻して、家族の元で楽しい生活ができるようにしてほしい」と訴えた。岸田首相は、「今なお多くの方々の帰国が実現していないことは痛恨の極み。私自身が先頭に立ち、政府を挙げて取り組まなければならないと強く思っている」と応じ、日朝首脳会談の早期実現に意欲を示した。

二〇年間で何が〝一刻も早く〟か、と言いたくなる

私自身は、拉致問題を無我夢中に取材する駆け出し記者から二〇年が過ぎ、取材現場から日々送られてくる原稿を直したり、体裁を整えたりするニュース・デスクという立場になった。拉致問題の取材は、私の記者人生の原点であり、今も続くライフワークだ。

残念なことに、二〇〇二年に書いていた「家族は拉致問題が一刻も早く解決できるよう政府に求める」という原稿を、いまも後輩の拉致問題担当記者が同じように書き続けている。横田めぐみさんの拉致事件から四七年、日朝首脳会談から二二年、何が〝一刻も早く〟かと言いたくなる。

拉致被害者の北朝鮮での生活の実態は、腫れ物に触るような扱いで、取材ができても〝敵〟の北朝鮮を利するとしてタブーとなることが多い。報じられる幅はどんどん狭められている現実がある。私が拉致被害者から聞いた悲劇の数々を再び起こさないためにも、日朝国交正常化に向けて、一刻も早く交渉を再開すべきだと思う。

しかし、不正常を正常化し、憎悪の連鎖を断ち切って、「許さない」で終わらず悲劇を和解に変えていかなければ、朝鮮半島と東アジアに平和と安定が訪れることはないだろう。

第5章　救う会と家族会の二〇年
――「救出」から「北朝鮮打倒」への変質を問う

蓮池　透

私は、拉致被害者の一人である蓮池薫の兄として、「「北朝鮮による拉致」被害者家族連絡会」、通称「家族会」の結成時から同会に加わり、事務局を担った。「家族会」は同年に結成された「北朝鮮に拉致された日本人を救出する会」、通称「救う会」の方針に従って活動を続けていたが、役所等への陳情の際には、私は「家族会事務局長」を名乗った。しかし、二〇〇二年以降、無自覚に右傾化している自身を憂い、「圧力より対話を」と主張するようになった。このことで私は家族会と救う会の双方から「総意と異なる」と猛批判を受け、「変化・変節した」とも言われた。私自身は「進化」だと思っているが、家族会との対立は収まることはなく、結果として事実上の除名処分を受けた。処分自体は二〇一〇年のことだが、それ以前から家族会と救う会とは一線を画し、自らの考えを発信し続けている。

家族会の結成

一九七八年に私の弟・蓮池薫が拉致されてからの二〇年は、何もできずにただ待つだけという状態だった。私以上に両親が辛い思いをしていて、しまいには神仏や占い師に頼るような状況に陥っていた。そういうところに、九七年三月二五日、家族会がスタートした。発起人は日本共産党の橋本敦参議院議員の秘書である兵本達吉氏と、朝日放送のディレクターである石高健次氏、そして、オブザーバーという形でその場に参加したのが産経新聞記者の阿部雅美氏である。

石高氏の呼びかけで、被害者家族が東京・浜松町の「アジュール竹芝」というホテルの会議室で集まりを持った。参加したのは原敕晁さんの家族を除いて、横田めぐみさん、市川修一さん、地村保志さん、増元るみ子さん、浜本富貴恵さん、有本恵子さん、そして私たちの七家族だった。もちろん石岡亨さんの家族のように諸事情から会に加わらない人もいた。最初に会の名前をどうしようかという話になり、「北朝鮮による拉致被害者」という言葉が会議の場で提案された。今では若者も「拉致る」などと言うほどだが、当時は「拉致」という言葉が市民権を得ておらず、「拉致ってなんだ?」と思った人が大方だったと思われる。その時「ちょっと待って」と声をかけたのは有本さんのお父さんで、「うちは「拉致」じゃない。そういう強烈な、挑発的とも取れる言葉はふさわしくないんじゃないか」という異議を出した。「せいぜい、誘拐とかそういう言葉にできないか」と議論された結果、「北朝鮮による拉致」とカギ括弧をつけて、そこを強調するような形で会の名称が決まった。

この年に「日本を守る国民会議」と「日本を守る会」とが統合して「日本会議」が結成されていることも非常に奇遇なことである。

会の目的についても議論があった。当時は「拉致疑惑」と言われていて、なかなか政府が動こうとしないという状態だった。この一〇年ほど前に梶山静六国家公安委員長が国会で「北朝鮮による拉致の疑いが十分濃厚」であると答弁したというが、我々はそんなことを知る由もなかった。結局世論を盛り上げて日本政府を動かそうというのが、会の一番の目的となった。

ただ集まった家族のほとんどがすでに高齢となっていて、会全体ではなかなか動きようがなかった。代表には首都圏に住んでいる横田滋さんにお願いし、事務局も必要だろうということで、当時四二、三歳で比較的若手だった私と増元るみ子さんの弟の照明さんが選ばれた。とりあえず一家族一万円ずつ出すことを申し合わせて、今後の連絡は、電話やファックス等で情報共有することを決めた程度で終わった。

佐藤勝巳氏らの助力

その年の夏に、いきなり『現代コリア』のメンバー、佐藤勝巳氏、西岡力氏と荒木和博氏の三人から面会を求められ、全面的に会を応援したいという申し出を受けた。前述のとおり家族会は高齢者がほとんどで、署名を集めようにも、署名用紙、ボールペンからテーブル、あるいはスピーカー、テントやタスキといったインフラはもちろん、何のノウハウもなくて困っていたところだったが、彼らはそうしたノウハウやインフラを無償で提供してくれたのだ。その助けを得て、私たちはいろいろな都市で主要な駅前を中心に署名集めを始めたが、なかなか署名してくれる人はいなかった。当時も北朝鮮というと「謎の国」「こわい国」というイメージがあり、自分の名前を書くと「北朝鮮から身の危険が及ぶんじゃないか」と言われたこともある。

当時は関東中心に署名活動、陳情、ロビーイング、それから講演会などの活動をおこなっていた。横田めぐみさんの事件が起きた地元である新潟市では、他に先駆けて小島晴則氏が、めぐみさんをメインとした救出活動を半年前ぐらいから展開していた。

その後、国会議員も動き出して、「北朝鮮拉致疑惑日本人救援議員連盟」、通称「拉致議連」が四月にでき、多くの議員が名前を連ねた。一番精力的に動いたのは自由党(当時)の西村眞悟衆議院議員である。

そうこうする間に全国各都道府県に救う会の組織ができた。全国各地の救う会の組織には高校生や大学生など、真剣に被害者を救出したいという人も参加していたが、たとえば長崎県では日本会議の人々が中心だった。また各地の代表には、「強面」の人が多かったという印象がある。

この後、一九九八年に全国各地の救う会をまとめる「全国協議会」ができ、その会長に佐藤勝巳氏が就任した。東京・田町にある旧民社党系の「友愛会館」で定期的に勉強会が開かれるようになった。当時私たちは、北朝鮮情勢などはまったく知る由もなかった。どういう国なのか、どういう土地なのかさえわからない状態で情報に飢えていたところに、佐藤氏は、まるで昨日行って見てきたかのように北朝鮮の話をしてくれる。私たちは佐藤氏の顔に目が釘付けになるようにして聞くという具合だった。そういう状況が長く続き、私たちにとって佐藤氏の話は非常に「貴重」なものだったのである。

その話の内容は、一口で言えば「北朝鮮憎し」というものだった。秋になると、「もう北朝鮮はこの冬は越すことができない、北朝鮮の政権は倒れる」と佐藤氏は繰り返し強調した。北朝鮮が倒れれば、つまり政権が崩壊すれば被害者は帰ってくる、この一点張りだったのである。今にして思えば、また冷静に考えれば、非常に短絡的な話である。政権が崩壊となったら、権力者が海外に逃亡するにしても、まずその前に自分にとって都合の悪い者は抹殺していくのではないか。しかし、当時私たちには何も知識がなかったため、佐藤氏の主張をそのまま信じるしかなかった。

都合五年以上にわたって毎年、北朝鮮の政権は今年の冬は越せないと聞かされてきたが、いまだに倒れていない。このような勉強会という名目で、右でも左でもなくノンポリだった私も含めてみんな、いわば白いキャンバスがどんどん佐藤色に塗り固められていったというのが、実際のところだと思う。完全なる無自覚な右傾化、極右化――。そう言っても過言ではない。

このようにして、拉致議連の会長であった自民党の中山正暉衆議院議員が一九九七年一一月に訪朝し、その後二〇〇〇年に日朝友好議連会長になったときには抗議文を出し、あるいは拉致について懐疑的なメディアには抗議文を送るなど、二〇〇二年の小泉純一郎首相の訪朝を前に、排他的な姿勢が突出していったのである。

救う会の下部組織になってしまった家族会

抗議文や声明文は、当初は救う会佐藤勝巳会長単独で出していたが、徐々に家族会代表横田滋、救う会会長佐藤勝巳の連名で出すようになっていった。内容もしだいに過激になっていき、アジテーション・ビラと見紛うものも出しているが、それはすべて救う会が作っていた。横田家に原案がファックスで入って、それを横田さんが追認するという形で、連名の文書になった。私も、とても滋さんが書くような文章ではないなと思いながら、連名の文書を発表していた。

行動も一段と過激になった。たとえば二〇〇〇年には北朝鮮の食糧危機に対して無償の米を送ったときには「コメ支援するな」と叫んで外務省前に座り込んだり、自民党本部に抗議に行ったりした。自民党本部の建物の外で叫んでいると、田中眞紀子衆議院議員が会議を終えて本部前に出て来た。こちらは救う会に言われて、「コメ支援反対！」「五〇万トン出すな」と叫んでいた。すると田中議員は「五〇万トンなんてありえない！」と言う。われわれが「そうだ、そうだ！」と言ったら、「一〇〇万トン出すべきよ！」と返されたのを、鮮明に覚えている。

また、横断幕を先頭にして銀座通りでデモをした。新潟の港に行って北朝鮮と往還していた万景峰号に「寄港反対」と抗議もした。私も参加したが、あまりいい思い出はない。

デモをするときも先頭を歩くのは家族である。その後ろに隊列ができているわけだが、後ろに行くにしたがって、どこか怖い人たちが増していく、一番後ろには、太いストライプのスーツにサングラスをした、いかにもという人がいると状況だった。

家族会は毎年春には「今年の活動方針」を策定するのだが、これもすべて救う会が作る。それを家族会が追認するというのがお決まりであった。もちろん基本的な路線に異をさしはさむ家族など一人もいない。すなわち、家族会は単なる追認機関だったのである。そういう状況を見て私は、家族会の発起人である兵本氏や石高氏にも相談をもちかけたことがある。石高氏に言わせれば「こりゃもうアカンわ」、兵本氏「う～ん、困ったね」という調子だった。発起人も、もう出る幕ではないという状態となり、家族会は完全に救う会の下部組織になり下がってしまったのだ。

一方でこんなこともあった。私自身も陳情のため地方議会や都内の二三区議会を回ろうかと思ったが、なかなか取り上げてもらえなかった。そこで多摩地域に目を移し、三鷹市や小金井市などを回って、市議会で拉致された日本人を救ってほしいと決議してくれるよう陳情した。武蔵野市議会で、陳述する機会を与えてもらい一五分くらい話をしたときのことだ。後ろの方に傍聴する人たちがいて、心強いなと思っていたのだが、陳情が終わってその場から離れるや否や、私はぐるっと取り囲まれ、「拉致なんてしていない」「あなたの言う通り議会が決議したら、我々がまた差別される」と言うので、よく聞くと朝鮮総連関係者だった。私にはそれほど強い口調ではなかったものの、当時一緒に行った救う会の人たちは、非常に強烈な言葉で罵倒された記憶がある。

結局、稀にそういう決議をしてくれた議会もあったが、「北朝鮮」という言葉が入らない。当時は、「北朝鮮による拉致被害者の救出を求める」といった「北朝鮮」というキーワードの入った決議は、ほとんどなかったのではないだろうか。

小泉訪朝の衝撃

そんなことをやりながら五年ほど経ち、徒労感に襲われる状況で、二〇〇二年、小泉首相の訪朝があったわけである。私たちは、「また小泉さんが行って、コメ支援の約束でもしてくるのか」といった程度で大きな期待感は持っていなかった。というより、救う会からそう教わったからだ。ところが事態は一転、金正日総書記が拉致を認めて謝罪したという。これにはまさに青天の霹靂であった。

しかし、この時の政府の所業が私には理解できなかった。私たちは、旧参議院議員会館の会議室に集合しており、そこには多くのメディアの人間がいた。午前中は何もなく、午後になると、政府から場所を移動して、外務省の飯倉公館に行ってくれとの要請があった。なぜそこに行かなければいけないのか疑問ではあったが、大型バスが用意されていて、みんなで乗って飯倉公館に移動させられた。公館に着き大きな広間に案内されると、中央には大きなテレビがあった。自由に見て下さいと言われて見ていたら、ＮＨＫが速報を打った。

最初、「一〇人生存」という情報を伝え、その直後「数人でした」と訂正をした。〝一〇〟と〝数〟を間違えたのかなと、想像するしかなかった。そのあと、一家族ずつ別室に呼ばれて、「おたくの〇〇さんは亡くなった」と宣告されたのだった。「なぜですか？　いつですか？　どこでですか？」と尋ねても、「それはわからない。とにかく亡くなった」と言われ、「はい、次の方どうぞ」というわけだ。

最後に私たちと地村さん、浜本さんの家族は一度に呼ばれて、当時の福田康夫官房長官から「あなた方の家族は生きている」と告げられた。「証拠は何ですか？」と問うても「いや、とにかく生きているんだ」と言うばかりだった。結局、死んでいる人は死んだ、死んだから死んだ、一方生きているから生きているというような、わけのわからないやりとりがあった。

救う会の佐藤会長は、めぐみさんの死亡を宣告された横田早紀江さんと抱き合い共に大泣きしていた。そして佐藤会長は泣き声で「申し訳ない。我々のやり方が誤っていた」と謝罪していた。そのとき、今も早紀江さんが言われる「めぐみは犠牲になり、また使命を果たした」という発言があったのである。私は、ああ、早紀江さんはめぐみさんをもう亡き人として状況を踏まえたのだなと思って聞いていた。ところが、謝罪しながら泣いていた佐藤会長も、その後すぐに「証拠がないから全員生きている」と変わっていったのである。

私たちは小泉訪朝の翌日に外務省に行って、直接生きている五人に会ってきたという外交官と、死亡を聞いたという官僚に会って、「根拠は何だ？」と問い質したが、「根拠はない」という返事だった。生きていると言った人についても根拠はないと、音声もなければ映像もない、筆跡で確認できるものも、何もない状況だった。その「何も証拠がない、ただ北朝鮮にそう言われた」という説明だったがゆえに、生きていると言われた人も亡くなったと言われた人も、その後「とにかく証拠がない、証拠がないのだから全員生きているんだ」という動きが出てきたのである。

さらにそこから、「生きている人は全員原状回復せよ」→「亡くなったと言われている人も証拠がないのだから全員生きている」→「生きているんだから全員帰せ」という具合に変貌していった。

「一時帰国」への葛藤

私は、小泉首相と金正日総書記とが交わした日朝平壌宣言を全否定するつもりはない。独自外交で、核・ミサイルのモラトリアムを約束したというのは、非常に大きな成果だと思う。過去の清算については、日韓基本条約に準ずるものであることから、今も日本と韓国でいろいろな問題が起きており、将来的には日本と北朝鮮とでも、また同じ大きな問題が起きるのではないかと危惧している。

私は、小泉首相は日朝平壌宣言にサインすることに大きな情熱を傾けていたこと、何が何でも日朝国交正常化を成し遂げることについては、非常に懸命にやっていたと窺い知れる。だが、そこには拉致問題があった。拉致についてどうするのか、悩みの種であっただろう。これは実際に交渉に当たった田中均外務審議官も同様だったと想像できる。アメリカを差し置いて直接電撃訪朝して、金正日総書記と会ったこと、そこまでは評価できる。しかし小泉首相は結局、北朝鮮が拉致を認め、「五人生存八人死亡」で詳細は知らないと言ったことを、そのまま鵜呑みにして受けとめてしまった。それが、現在でも膠着状態になっている原点ではないだろうか。

田中審議官と交渉相手のミスターＸとの間で、もし拉致を認めるのであれば認めなさい、生きているのであれば小泉首相が連れて帰る。そして亡くなったというのであればそれなりの証拠を出しなさい、それについては当然賠償する——。そういうことを決めた上で日朝平壌宣言にサインしているのであれば、アメリカの妨害が入るだろうが、こんなにも停滞することはなかったと思う。小泉首相、田中審議官のやり方は拙速で、詰めが甘く、拉致被害者たちの人権への配慮が欠如していた。というよりも人権を無視していたのではないか、という思いを拭い去ることができない。

「究極の選択」を迫られた被害者

五人の一時帰国についても、私は戸惑った。最初に中山恭子内閣官房参与からは「今回は一時帰国です。次回は全員帰ってきます」と聞かされた。しかし、帰ってきた弟に聞くと、とても次などないなと確信した。では、一時帰国とは何なのか。自分が生まれ育った国に帰ってくるのに、なぜ一時帰国なのか、という疑問が大きく頭の中にわいてきた。これは止めるしかない、一度戻ったらもう二度と帰ってこられない。もちろん北朝鮮に戻すことを止めるといっても、弟自身の判断が最も尊重されるべきである。地村さん夫妻は最初から戻りたくないと漏らしていたようだが、弟たちはなかなか頑なだった。曽我さんはあまり多く語らない人で、いつもみんなの意向に従うというようなスタンスだった。

結局、弟は向こうに帰って子どもを取るか、日本に残って親兄弟を取るかという、「究極の選択」を迫られたわけである。それを選択するというのは、彼にとっては非常に厳しいことで、両方取るにはどうしたらよいかを考えて、本人に言わせると「ギャンブルに出た」というほど苦渋の決断をした。それで、最終的に日本に留まるということで、現在の状況になっているのである。

当時私は、いろいろな人から批判された。「お前が日朝の国交正常化に進む道を閉ざしてしまった」「お前が約束破りの張本人だ」と。私は「そもそも一時帰国って何ですか。そんな約束を日本政府と北朝鮮政府がするんですか。国交正常化のための国と国との約束が国益だとしたら、国益のために家族を捨て石にするんですか」と反論した。私には弟を捨てることはできない、それで必死に北朝鮮に戻ることを止めたのである。インターネットでも相当叩かれ、直接言われたこともあるが、「あなたが同じ立場でしたら、どうなさいますか」と答えてきた。

北朝鮮に残した子どもたちがまだ来ていない状態で待つこと一年半近く、ようやく小泉首相が再訪朝して、子どもたちを連れ帰ってくれた。しかし、曽我さんの夫のジェンキンスさんと子どもたちは、まだ帰ってこなかった。

政府からも警察からも一切の情報がもたらされない

ところがこの時、救う会と家族会が一緒になって、「小泉首相は行くな」「再訪朝などするな」と言い始めた。「再訪朝するより経済制裁しろ」という声明文を出そうとしたのである。私は、家族会がそれを出すのだけはやめてくれと主張した。大揉めした後、結局、救う会の名前で「再訪朝反対、再訪朝より経済制裁を」との声明を出すに至った。

小泉首相が日帰り訪朝して夜遅くなってから、帰ってきた五人の子どもたちも含めて、説明に来た。そのとき家族会は、あろうことか小泉首相を罵倒し始めたのである。「今日は最悪だ」「子どもの使いか」そして「プライドはあるのか」と。これがテレビで中継、あるいは録画で放映されたために、日本中から救う会事務所などに、何千という抗議のメールが来た。「お前ら何様だ」「一国の宰相に向かって何を言っているんだ」「家族会ってどれだけ偉いんだ」等々。

また、小泉首相が帰国する前も、「首脳会談は午後一時過ぎに終わった」との連絡を聞いて、「もっとやれ、もっとやるように平壌に連絡しろ」と、すごい剣幕で外務省の役人に食ってかかった人もした。普通テレビは頭撮りしかしないので、家族会の会合の中身はあまり放映されることはないのだが、不思議なことにこの時ばかりはずっとテレビカメラが回っていた。

小泉陣営としては、称賛されれば当然支持率は上がる。逆に、あまり想定していなかっただろうが、抗議があっても、その反動でやはり支持率が上がるだろうという目算もあったのではないかと、私は考えている。その後、アメリカからも横槍が入り、小泉首相は悩んだと思うが拉致問題に対する情熱も失せてきて、国交正常化もなかなか難しいのではないかと思うようになったのではないだろうか。

また、安倍晋三官房副長官が「五人を引き留めた」という美談が流れた。しかしそれは真っ赤なウソである。真実は、安倍氏は地村さん夫妻に「早く帰れ」と言っていたのだ。地村さん夫妻は「イヤです。安倍さん、自衛隊が一緒に行ってくれるんですか」ということまで言って拒否したのである。このことから、安倍氏は「止めた」といった方が、国民受けするという思惑があったことは容易に想像が付く。

安倍氏は、平壌になぜか官房副長官として同行したわけだが、あの時小泉首相に「拉致を認めなかったら、机を蹴飛ばして帰りましょう」と進言したという武勇伝も結構流れていた。これも全くのデマである。

そして、明言しておきたいことがある。私たち家族は、政府、外務省の担当課長あるいは警察庁から、情報をもらったことはいまだかつて一度もない。外務省が説明する内容は、報道が先行する。テレビ・新聞で知ったことを、外務省や当時の内閣官房参与室に呼ばれて、説明を受ける。小泉首相が訪朝するというニュースも、新聞の方が先だった。五人の子どもたちが帰って来るというのも、私はメディアの人から真っ先に聞いた。

外務省に訊ねると、「これは外交機密なので言えない」と返ってくる。家族だけでも「ここだけの話」ということで聞けないかと願っても、いや外交機密だから言えない、と断られる。警察庁に行っても、「われわれは法と証拠に基づいて捜査しています」と言うだけだ。「何か情報があったら」と尋ねても、これは捜査上の機密で教えられないということになる。今でも地元の警備課長が訪ねて来るが、「何かありましたか」と両親に必ず尋ねる。それはこちらの台詞である。

外務省、拉致問題対策本部、政府、警察から新規の情報をもらったことは一切ない。このことは繰り返し訴えておきたい。私たちに対しては丁寧な説明など一度もなかったし、いまだにないことも付け加えておく。

行方不明者＝拉致被害者ではない

前後するが、救う会の幹部の一員だった荒木和博氏が独自に、北朝鮮に拉致された疑いを排除できない人たちを「特定失踪者」と命名して、そのリストをつくり、政府側に提出しようとしたことがあった。そのことで、佐藤会長との間で仲違いが起き、結局荒木氏は排除されて、二〇〇三年に「特定失踪者問題調査会」をつくるに至る。

この「特定失踪者」の中には、状況証拠から見て少し疑わしいと思われる人もいる。政府は特定失踪者という名前こそ使わないが、拉致問題対策本部のホームページに、「北朝鮮による拉致の可能性を排除できない事案に係る方々」が挙げられている。そこに警察庁ホームページへのリンクが貼ってあり、ジャンプすると、八七一人いて、そのうち家族が公表してもいいと言っている人が四五〇人いるとの記載がある。その家族たちも荒木氏が率いる「特定失踪者家族会」を作り、現地調査をして、国に「早く拉致認定しろ」と要望している。政府は、情報を集めて認定できる人はするというような曖昧な態度をとっているが、拉致問題対策本部のホームページには、「認定の有無にかかわらず、全ての拉致被害者の安全確保及び即時帰国のために全力を尽くす」と書かれている。私は体験上、認定・非認定にかかわらず、政府が何もしないことには変わりないと思うのだが、認定にこだわっている人は多い。

現在、政府認定の拉致被害者は一七名である。五人帰ってきたので、あと一二人ということだ。また、特定失踪者を含めて八百数十人をまとめて帰せという政治家もいる。自民党の古屋圭司衆議院議員(北朝鮮に拉致された日本人を早期に救出するために行動する議員連盟会長)も、テレビで堂々とそう言い放った。しかし、現実的には北朝鮮が八〇〇名以上も拉致することは考えられない。日本では、年間約九万人の行方不明者が出ると統計的には言われている。そのうち九〇%以上の人は、死亡が確認されたり住んでいる場所が判明するなど、二、三年で所在がわかる。ただし、全員が見つかることはない。

そうなると日本に行方不明者がいる限り、特定失踪者は永遠にゼロにはならないのである。そして延々と、北朝鮮に対して帰せと言い続けることになる。政府の姿勢は非常に曖昧である。これは警察庁の怠慢ではないだろうか。行方不明者を捜したが見つからない。三、四年経っても見つからない、これはもう特定失踪者だ、そんなことはあってはならないと考える。

安倍元首相との蜜月

安倍氏は、首相在任期間最長を記録したが、家族会と救う会とは完全に蜜月関係で、「安倍さん何やってんだ！」という声は、まったく聞こえてこなかった。政府側でも、拉致問題対策本部が専門家の意見を聞くといって、荒木氏や西岡氏を招く。このように、救う会と政府は一体化していると同時に、ますます先鋭化している。拉致問題についての「国民大集会」は、はじめは日比谷公会堂で開催されたが、日の丸の旗を持って来ている人が目に付き、旧陸軍兵士の格好をした人、ゲートルを巻いてサーベルを持っているかのような人たちが大勢集まってきていた。私たちが家族を「帰せ！」と言っているのと、右翼の街宣車が言っていることが同じだった。私はそれにショックを受けた。

この国民大集会というのは、家族会、救う会と特定失踪者問題調査会が一緒になって開かれるもので、数年前の大集会では、安倍首相、官房長官、拉致問題担当大臣他も出席するなか、登壇した荒木氏がわずか五分くらいの間に六、七回「戦争だ！　戦争だ！」と叫んだ。司会は櫻井よしこ氏で、「拉致問題は私の最優先課題だ」と安倍首相がいうと、「何年経ってると思うんだ！」というヤジが飛ぶ。そこで櫻井氏が「まあまあ、安部さんの温かい、ありがたいお言葉、静粛に聞きましょう」と制止する場面があった。しかし、荒木氏が「戦争だ！　戦争だ！」と連呼しても止めることはなく、黙ってみんな聞いている。家族会も、「戦争なんておかしいだろう」とは言わない。誰もその場で異論を唱えないのが非常に不思議なことで、まさに危険な状態である。亡くなった佐藤氏も、いつも声高に「核武装しなくてはならん」と言っていたのを思い出す。

家族会の主張として、議論のスタートラインに、まずは全員生存を前提に全員帰してくれということは理解できる。しかし、その次に「全員一括帰せ」というようになった。今は「全拉致被害者の即時一括帰国を実現せよ！」である。「即時」は今この時点で不成立なのだから、破綻しているると思う。それから「全拉致被害者」と言っているが、何人だとは言っていない。政府と同じ立場である。それでは、一二人なのか、あるいは特定失踪者も含めた八七一人なのか、一切言っていないのだ。それでは、たとえばめぐみさんが見つかった、生きている、帰りたいと言っている、となっても、彼らはノーを出すことになる。「一人じゃダメなのです。一括なんです」。これは欺瞞、あるいは詭弁である。わざとハードルをあげて、無為無策の安倍首相に助け船を出していたのだ。これは、その後の菅政権、岸田政権へも同様だ。

残念なことだが、最近思うのは、家族会は本当に救出を望んでいるのだろうか、ということだ。私は首をかしげざるを得ない。少なくとも救う会の目的は、「救出ではなくて北朝鮮打倒」だ。また、右派の政治家たちにとって拉致は、日本が持っている唯一の「被害国カード」なのである。日本が植民地支配をした歴史について「加害国」と言われることへのカウンターとして「拉致問題で日本は被害国」だと言い立てる。だからこのカードは、絶対に手放したくないのだ。

救う会も特定失踪者問題調査会も同様だ。拉致問題は未解決のまま長続きした方がいい。なぜなら、拉致問題が彼らの生業だからなのである。

拉致問題が二進も三進も行かない膠着状態に陥って、これほどにも長い時間が経ってしまった元凶は、救う会が入り込んできたためだと、私は考えている。確かに救う会の協力がなければ家族会は何もできなかったのかもしれないが、それにしても救う会の罪は非常に大きい。

実は家族会は他にも、北朝鮮の支援をおこなっているNGOレインボーブリッヂにも相談に行ったことがあるのだが、救う会からやめるよう指示が出た。このように、いろいろなところにブレーキをかけて、変な方向にアクセルを踏むというのが救う会のやり方である。つまり、家族会をコントロールしながら、自分たちの真の目的を露わにしないようにして突っ走っているというのが、救う会の真の姿なのである。

「理解促進」の欺瞞

政府の拉致問題対策本部は何をしているのか、そのお金の使い方について述べたい。ホームページで見ることができるが、支出の項目に〝情報収集とそれの分析〟がある。第二次安倍政権の約八年間で約六九億円使っている。これだけ使えば、何かの情報を獲得していることだろう。北朝鮮は必ず「拉致問題は解決済みだ」と言う。本気で交渉する気があるのなら、拉致被害者の生存情報を取ってきて、水面下で彼らに提示すれば「解決済み」の壁は崩せるだろう。しかし日本政府は六九億円使っても北朝鮮に突き付けられる生存情報を獲得できていないのである。

拉致問題対策本部が二本立てでやっている短波ラジオ放送には約九億円をかけている。しかしその中身は「〇〇ちゃん元気？　待っているよ」と呼びかけ、その後に当時流行った歌謡曲を流すというきわめて情緒的なものだ。必要ないと伝えているのだが、その案内が毎週私のところに送られてくる。あるとき、「今週の曲は、沢田研二の『勝手にしやがれ』だった。『勝手にしやがれ』はないだろう、すごい皮肉だなと感じたものだ。

特定失踪者問題調査会もラジオ放送をやっていて、いつも妨害電波に遭ってなかなか聴き取れないそうだが、非常に攻撃的かつ挑発的で、危険な放送だと感じる。

その挑発的な放送は問題外だが、情緒的な放送の方も問題がある。向こうでは短波ラジオなどなかなか聴けないと思うが、弟は隠れて聞いていたというので、もしかして聴いている人がいるかもしれない。しかし、北朝鮮で生きていくためには、もう日本に帰るなどということは忘れようとしていることだろう。そこに、「〇〇ちゃん元気」などという声が聞こえてきたならば、その人の心情はより複雑になるに違いない。被害者の置かれている状況、そしてその苦しい心情を考えないのだろうか。「助けに行くから、〇月〇日ここに集まれ」といった呼びかけができるならばともかく、ただ被害者を無用に苦しめている可能性を一顧だにせず、長年にわたり毎年二億円近くを費やしていた。

最も腹立たしいのは、〝理解促進〟という名目の啓発活動である。安倍政権はこれに八年間で約一四億円も使っていた。作文コンクール、ポスター、めぐみさんの映画、アニメだ、若年層へのアピールだというが、拉致は中学生や高校生のような次世代の若い人たちに託すべき問題ではない。

教育や啓発と銘打った内容も「北朝鮮が悪い」「一三歳の少女を拉致して行く北朝鮮はけしからん」というものがほとんどだ。そういう考え方だけを多感な小・中学生や高校生に植え付けて、未来が開かれるのか、私は疑問に思う。二〇二三年六月二九日にもオンラインで日本、米国、オーストラリア、韓国、ＥＵ政府の共催で「拉致問題に関する国連シンポジウム」が開かれたが、はたして意義があるものなのだろうか。

また、『めぐみへの誓い―奪還―』という演劇を、制作者がクラウドファンディングによって映画にしたものが上映されているが、かなりフィクションが入っていて、北朝鮮の強制収容所やホロコーストについての話も出てくる。拉致問題が人権問題の一つであることは確かだが、あまり一般化して強調すると、北朝鮮側も態度を頑なにするだけではないだろうか。

政府は「北朝鮮人権侵害問題啓発週間」を毎年一二月に設定しているが、そんなことをしている暇があったら、独自の外交ルートを開発して、なんとか交渉を再開するよう強く言いたい。地元をはじめとする支援者の中にもそう考える人たちが、徐々にではあるが増えてきている。

家族会は救う会と決別すべき

メディアにも要望がある。横田滋さんの命日が近づいて来た頃、地元のメディアからは私に取材依頼があり「滋さんの命日が近いので、ちょっと特集を組みます」と言う。何を訊きたいか尋ねると、「節目節目で滋さんが何をおっしゃったか、どういう表情をされていたか、どういう行動されたかを伺いたい」という。「それでまた感傷的なストーリーを作るんですか。そんな記事だったら私は一切協力しません」と拒否すると、「ではご両親はいかがですか?」と言うのだ。「いや、両親は一生懸命で、滋さんの表情を見ている暇などなかったんじゃないですか」と伝えると、それ以降、まったく電話がかかってこなくなった。

少なくともメディアにとって、家族会と救う会が「聖域化」されてなかなか批判できない状況にあり、救う会への批判や家族会への疑問などは絶対的なタブーである。横田めぐみさんが亡くなっているとは言わないまでも、それに近いような表現を使うと、強硬に抗議されたり、裁判に訴えられたりする。こういった事情があるため、メディアは新たな情報を摑んだとしても、それが彼らにとって不利なものだと腰が引けてしまい、深層をえぐることはせず、感傷的な「物語」しか報道せざるを得なくなっているのである。

メディアが常に使うのは、中学校の制服姿で、桜の木の下で撮られた横田めぐみさんの写真である。めぐみさんは、こうした報道においてはずっと一三歳のままだ。一三歳の女の子が拉致されたということは非常にショッキングで、インパクトは大きいことだが、現実にはもうすぐ還暦を迎える歳である。

救う会に対して、恩義を感じている家族会メンバーがいることも否定できない。これは家族たちが何もできないときに、ボランティアで助けてくれたということに由来する。そういう人も、少なくなってきているのも現実である。家族会は救う会と決別すべきときが来ている。

遅きに失した感は否めないが、日本政府は膠着状態の原因に目を向け、速やかに自らの手で解決しなければならない。拉致問題を「歴史上の出来事」にしないために。

第6章　拉致問題対策本部は二〇年何をやってきたのか

有田芳生

二〇〇二年九月一七日の小泉訪朝で北朝鮮が拉致を認めた日、私はテレビのコメンテーターとして、草野仁氏司会の『ザ・ワイド』(日本テレビ系列)に出ていた。連日の報道でコメントを求められるうちに、拉致問題解決のため行動しなくてはならないと思うに至った。国際的に呼びかけよう。そう思って「意見広告七人の会」を作った。声をかけたのはジャーナリストの高世仁氏、音楽評論家の湯川れい子氏、コラムニストの勝谷誠彦氏、作家の日垣隆氏、政治学者の加藤哲郎氏、朝鮮問題専門家の重村智計氏。国民から募金を募り、ニューヨーク・タイムズに意見広告を出そうという運動だ。掲載代金の約六〇〇〇万円はすぐ集まった。二〇〇二年一二月二四日、クリスマスイブに「ザ・ファクト」と題した一面広告を出すことができた。横田めぐみさんの肖像写真の下に英語とハングルで拉致問題の解決を訴えた。剰余金の約六〇〇〇万円は横田滋さんを通じて家族会に寄付することもできた。私はこの運動をきっかけに拉致問題の取材もするようになり、二〇一〇年七月の参議院議員選挙に当選して一二年間議員を務めた。特別委員会の委員長だった一年を除いて、一一年間「北朝鮮による拉致問題等に関する特別委員会」に所属した。国会で初めて拉致問題について質問する朝、横田早紀江さんからお電話をいただき、傍聴していただいた。

さまざまな分野での交流がはじまり、取材や国会での質問だけでなく、横田滋さん、早紀江さんと相談したある目的をもって二〇一二年、二〇一五年に訪朝した。民主党政権当時には、与党の議員として官僚からさまざまな問題についてかなり率直に教えられた。

二〇一〇年に出版された蓮池透氏、和田春樹氏らの著書『拉致問題を考えなおす』(青灯社)には青木理氏による論考「拉致問題対策本部の四年間」が収められているが、私がここで報告するのは「拉致問題対策本部の二〇年」である。これだけの時間が経過するなかで拉致問題対策本部、通称「拉致対」と言われる組織は何をやってきたのか。実態はどのようなものなのか。なお、この小文は二〇二二年に日朝交渉三〇年検証会議でおこなった報告に基づいているので、それ以降の動きについては最後に補論を置く。

拉致問題対策本部とはどのような組織か

まず拉致問題対策本部事務局の歴史を振り返る。二〇〇二年九月一七日に小泉訪朝があり、その年の一〇月一五日に蓮池薫・祐木子夫妻、地村保志・富貴恵夫妻、そして拉致被害者とはわからなかった曽我ひとみさんの五人が日本に帰国した。その翌月の一一月五日に、内閣官房拉致被害者・家族支援室が設置される。室長以下一五人の体制だ。主な目的は帰国した五人の生活の面倒を見るということだった。同時に、拉致被害者・家族支援室のメンバー、具体的には外務省からの出向者が、翌二〇〇三年のはじめから、蓮池夫妻、地村夫妻、曽我ひとみさんの聞き取り調査をおこなっていた。調査内容は、北朝鮮でどのような生活をしていたかが主だったが、その中で横田めぐみさん、田口八重子さん、増元るみ子さんなど、蓮池さんたちと同じ招待所で暮らしていた拉致被害者についての聞き取りがなされた。たとえば、中年の日本人男性がいた、背の低い料理のうまい人がいたなどの情報が得られ、これは一体誰なのか、原敕晁さんではないか、などの推測がなされた。横田めぐみさんが精神的に変調をきたしていく様子も、この聞き取り調査の中でまとめられた。二〇〇四年時点で、私が入手したのは七六頁の極秘文書だった。拉致問題対策本部の拉致被害者・家族支援室では、帰ってきた被害者の生活の面倒を見ると同時に、拉致問題にどう対処していくのか考えるための聞き取り調査が行われたのだ(有田芳生『北朝鮮　拉致問題――極秘文書から見える真実』集英社新書、二〇二二年六月参照)。

二〇〇二、〇三年が過ぎ、二〇〇六年九月二六日、対北朝鮮強硬派の安倍晋三総理が誕生した。九月二九日、拉致問題対策本部が設置される。本部長は内閣総理大臣、副本部長が官房長官兼拉致問題担当大臣、他のすべての国務大臣は本部員となる。内閣総がかりで拉致問題に取り組む姿勢を示したのだ。

その後、二〇〇九年に民主党政権で改組がおこなわれ、首相、外相、官房長官、拉致問題担当大臣の四人で構成することになった。しかし、二〇一二年一二月に第二次安倍内閣が発足した際、副本部長を拉致問題担当大臣、官房長官、外相として、全閣僚が本部員になる形に再び戻され、拉致問題対策本部事務局は内閣官房に設置された。

拉致問題対策本部の会合がいつどれだけ開かれたのか一覧がある(表1)。

第一次安倍政権は一年で終わったため、一回しか会合を開いていない。三年三カ月の民主党政

表1　拉致問題対策本部会合の開催状況

平成18年(2006年)9月29日設置　拉致問題対策本部
第1回(平成18年10月16日)
第2回(平成20年10月15日)
平成21年(2009年)10月13日設置　拉致問題対策本部
第1回(平成21年10月27日)
第2回(平成22年6月18日)
第3回(平成22年10月22日)
第4回(平成22年11月29日)
第5回(平成23年6月10日)
第6回(平成23年12月27日)
平成25年(2013年)1月25日設置　拉致問題対策本部
第1回(平成25年1月25日)
第2回(平成26年8月5日)
第3回(平成26年11月28日)

出所：内閣官房拉致問題対策本部事務局

権では六回だった。民主党政権では二〇一〇年に拉致問題関係府省連絡会議が組織され、そこに認定分科会がつくられた。これは、北朝鮮に拉致された可能性を排除されない人たちが本当に拉致をされたのかを調べ、証拠が揃ったならば政府認定するための組織だ。民間団体の調査なども根拠となったが、どのケースも最終的に警察庁が捜査の結果、否定したため政府認定の拉致被害者にはならなかった。野田政権では、松原仁拉致問題担当大臣が、「特定失踪者」を政府認定にしようと動いたが、警察庁は認めなかった。現在も政府認定の拉致被害者は一七人のままだ。

事務局は、二〇二二(令和四)年二月の段階で、事務局長一名、審議官が二名、組織は①総務②拉致被害者等支援室③政策調整室④情報室の四つが置かれ、各室長以下三七人が働いていた。この中で最も重要なのは、拉致問題に関する情報収集と分析を担う情報室だ。私は議員として拉致問題対策本部に、情報室には何人いるかを聞いた。すると、情報収集体制に支障をきたす可能性があるためお答えできないと言われた。このときの事務局長は神奈川県警本部長などを歴任した石川正一郎氏だった。審議官には財務省からの出向者、また非常勤だが外務省の船越健裕アジア大洋州局長がいた。情報室室長だった一瀬圭一氏は警察庁出身だ。情報収集・分析体制を担っている情報室には公安調査庁、警察庁からの出向が中心となっているのは、都道府県県警と連携をとりながら「行方不明者」の捜査をおこなっているからだ。外務省からは一人もメンバーに入っていない。

予算の推移は何を物語るのか

予算はどうなっているのか。平成一五(二〇〇三)年度から令和四(二〇二二)年度までの拉致問題対策関係の予算と決算の表を見ると(表2)、平成一九(二〇〇七)年度に一挙に五億円を超えていることがわかる。さらに、平成二二(二〇一〇)年度には一二億円を超えるようになった。民主党政権の本気度が予算のうえでも見られた。そして、第二次安倍政権の平成二七(二〇一五)年度には一六億二五〇〇万円になる。小泉政権時の平成一五(二〇〇三)年度には一億四二〇〇万円だったから、安倍政権になって一挙に五億円を超えることになった。さらに民主党政権になって、一二億二四〇〇万円という倍増以上の予算を組むことになったのだ。第二次安倍政権ではさらに増え、一六億二五〇〇万円になる。

このように増えていく一方の予算は一体何に使われているのだろうか。私は二〇一三年と二〇一七年に二本の質問主意書で政府に聞いた。

二〇一三(平成二五)年の質問主意書への答弁書を見てみよう。二〇一一(平成二三)年度の予算決算における拉致問題対策情報収集・分析経費は、諸謝金について補正後の予算額が約一億八〇〇万円で、決算額は約二六〇〇万円、不用額は約八二〇〇万円である。その他の主な項目として、海外旅費を含む職員旅費の予算額は約九三〇〇万円で決算額は約二二〇〇万円、また情報処理業務庁費という項目に約一三〇〇万円の予算を組んで、全額使っている。拉致問題対策情報収集等活動費は、予算では約二億四〇〇〇万円が組まれ、決算では約七一〇〇万円が使われていた。

二〇一七(平成二九)年二月一七日に、私はもう一度同じような質問主意書を提出し、答弁書を

表2　拉致問題対策関係当初予算額、決算額の推移

(単位：百万円)

	当初予算額	決算額
平成 15 年度	142	30
平成 16 年度	141	76
平成 17 年度	136	33
平成 18 年度	101	252
平成 19 年度	523	398
平成 20 年度	584	453
平成 21 年度	618	339
平成 22 年度	1,240	364
平成 23 年度	1,240	357
平成 24 年度	1,240	478
平成 25 年度	1,240	866
平成 26 年度	1,265	1,086
平成 27 年度	1,625	1,011
平成 28 年度	1,637	1,134
平成 29 年度	1,649	1,179
平成 30 年度	1,660	1,525
令和元年度	1,674	1,237
令和 2 年度	1,693	1,086
令和 3 年度	1,725	
令和4年度(案)	1,758	

出所：内閣官房拉致問題対策本部事務局

二月二八日付で受け取った。それによると、平成二五(二〇一三)年度の情報収集・分析体制の強化等経費の予算額は約九億五〇〇〇万円、平成二六(二〇一四)年度は約九億九〇〇〇万円、平成二七(二〇一五)年度は約九億三六〇〇万円であった。

莫大な予算が組まれているが、実際に使われたのはそこまでではない。たとえば二〇一三年度の拉致問題対策本部経費のうち、諸謝金は四三〇〇万円の予算を組んでいたが、使ったのは約一〇〇万円で、四二〇〇万円は不用額として返却になっている。外国人招聘旅費の予算は約五〇〇万円だが、使ったのは約一〇〇万円、不用額は約四〇〇万円。平成二六(二〇一四)年度の予算では諸謝金は四五〇〇万円組んでいたが、使ったのは約一〇〇万円で、約四三〇〇万円が不用額になっている。外国人招聘旅費の予算は約五〇〇万円で、使ったのは約一〇〇万円、不用額は四〇〇万円だった。そのためか、平成二七(二〇一五)年度の諸謝金の予算は約二〇〇万円にグッと減り、使ったのは前年と同じ一〇〇万円で、不用返却は一〇〇万円である。しかし、この年の外国人招聘旅費は約五〇〇万円の予算に対して使ったのも約五〇〇万円、返却はゼロ。

拉致被害者等給付金及滞在援助金、拉致被害者等生活相談等事務委託費については、二〇一三年度の予算ではそれぞれ約一五〇〇万円、約一八〇〇万円が組まれ、給付金などは約五〇〇万円、生活相談等の事務委託費は約四〇〇万円が使われていた。しかし、具体的に何に使われたのかは不明である。

二〇一一(平成二三)年に諸謝金として二六〇〇万円を使っているのは、民主党政権が黄長燁(ファンジャンヨプ)元朝鮮労働党国際担当書記や金賢姫元工作員を日本に招待するために使ったものかと思ったが、黄元書記の招待は二〇一〇年四月、金賢姫氏は同年七月のことなので、二〇一一年の二六〇〇万円の支出の説明にはならない。金賢姫氏の来日については謝礼として約七二〇万円を支払ったと言われている。このお金の出所を調べたがわからなかった。官房機密費かもしれない。

民主党政権時代に一挙に予算が増えたが、何に使ったのだろうか。二〇〇九年発足の鳩山由紀夫内閣では中井洽氏が拉致問題担当大臣となった。金賢姫氏を日本に招いた目的は、帰ってきていない拉致被害者についての情報を収集するためだと説明された。もちろんそれもあっただろうが、中井大臣は私に、自分が金賢姫氏に会いたかったからだと語っていた。金賢姫氏は日本で横田滋・早紀江夫妻に会い、軽井沢の鳩山前総理の別荘で、田口八重子さんの兄の飯塚繁雄氏や息子の耕一郎氏と一日一緒に生活をした。軽井沢からヘリコプターで東京へ戻り、帝国ホテルへ行くという日程で、中井大臣の時代はともすればパフォーマンスに過ぎるところがあったと評価されている。拉致被害者について金賢姫氏から明らかになったのは、工作員活動を準備しているときに一度だけめぐみさんと会ったこと、めぐみさんは猫が好きだったというくらいのことだった。北朝鮮での暮らしぶりや生存情報につながる情報は一切なかった。

中井大臣は、拉致問題に真剣に取り組むためには情報収集する必要があるとして予算を増やしたのだが、実際に使った額は三億六〇〇〇万円とほとんど増えていない。つまり、情報収集をしようとしても情報提供をしてくれる人がいないために使い道がなく、約九億円を不用額として返却したわけだ。しかし翌年も同額で、一二億円の予算を組んでいる。これには、予算額を減らすことで拉致問題に熱心でなくなったと思われてしまうことを危惧して、使い切れない予算規模だ

表3　拉致問題対策関係当初予算額、決算額(うち情報収集・分析体制の強化等経費)の推移

（単位：百万円）

	総額		（うち情報収集・分析体制の強化等経費）	
	当初予算額	決算額	当初予算額	決算額
平成21年度	618	339	195	171
平成22年度	1,240	364	864	234
令和4年度(案)	1,758	—	845	—

出所：内閣官房拉致問題対策本部事務局

が、減らさず同額を計上するという方針があったのだと私は判断している。

情報分析としておこなわれていたこと

ところが、第二次安倍政権ができた後の平成二五(二〇一三)年度から、使っている額が九億円規模に増え、翌年には一二億円を使い切る勢いになっている。最終的には平成三〇(二〇一八)年度には一六億円のうち一五億円を使っている。どうしてこれほど予算を消化できるようになったのか。何にお金を使ったのか、また拉致問題対策本部は何をしたのか。

表3は急激に金額が増えたことをポイントにして調べたものだが、平成二一年度の情報収集・分析体制の強化等経費の予算額は一億九五〇〇万円で、一億七一〇〇万円使われている。平成二二年度は八億六四〇〇万円に増額されているが、使ったのは二億三四〇〇万円で、六億三〇〇〇万円余ったことになる。平成二六年度以降、予算の消化率が上がったのは、この部分の予算を使い切るようになったことで間違いないだろう。ではそのお金はどこに使われたのか。

民主党政権の頃に拉致問題対策本部の事務局長と話をする機会があり、情報収集・分析とは実際に何をやっているのか聞いてみたことがある。

「中朝国境や海外に出向くのではなく、日本にいる学者や文化人やジャーナリストに話を聞いて彼らに謝礼を払っている」というのだ。それが主な情報収集・分析だ。おそらく現在でも同じ状況であろう。

ある学者は、情報をレクチャーしたことで謝礼をもらったと私に語った。こうした謝礼以外、何に使っているのかは見えてこない。家族会については、長く経理を担当していた横田滋氏に政府との金銭的な関係はない、国民的なカンパが圧倒的だったと聞いている。ただし、救う会については、政府の拉致問題対策の予算が直接入るようなことはないだろうが、情報収集・分析費として、個別に謝礼が払われていることは考えられる。

「元統一戦線部幹部」という情報源

この問題に関連して、あまり知られていない重要な問題がある。民主党政権時代から、救う会幹部が頻繁に、朝鮮労働党統一戦線部の元幹部の話だとする情報を流していた。自民党の機関紙『自由民主』の北朝鮮特集でも、救う会西岡力会長がコメントを出しているが、北朝鮮が経済的に厳しい状態にあるという主張の根拠になっているのが、脱北してきた元統一戦線部幹部の談話である。

問題はこの元統一戦線部幹部が、この一〇年ほど、救う会だけでなく日本政府の情報源になっていることだ。「元統一戦線部幹部」と日本で紹介されているこの人物は、元統一戦線部の周辺にいたことは事実だが、幹部ではない。北朝鮮のトップにつながるルートを持っているというのが売りで、自分に箔を付けることで高く売り込み、それを日本側も受け入れている。これが一〇年以上も続いている。

二〇二一年にも韓国から日本に来ているが、日本政府あるいは拉致問題対策本部が招請するわけにはいかないので、救う会幹部が招請するかたちをとって日本へ来て、北朝鮮事情についていろいろと語っている。「元統一戦線部幹部」は日本に来て話をするだけでなく、日本政府のカネで海外で活動し、北朝鮮関係者と接触して情報を得ているという。彼にどれだけの金額が支払われているのかはわからない。

彼から聞こえてくるのは北朝鮮の体制は経済制裁が効いていて非常に追い込まれている、コロナ禍で大変だ、いつ体制が崩れるかわからないという話ばかりである。日本政府は情報を持っていないために、そのような人物に縋ってしまうのだ。そして、その話を日本社会に広げる人がいる。

たとえば、西岡氏によれば二〇二一年五月一五日頃、平壌市内で「三代世襲の金政権を終わらせろ」という内容の反体制ビラが数万あるいは数十万枚撒かれたという。大学生による抵抗運動だと産経新聞も報じた。私も驚いて調べたが、そのような事実はなかった。西岡氏の発言も、次第に数十万枚から三〇〇枚へとトーンダウンしていった。

悲しいことだが、このような不確かな根拠に基づいて、拉致問題について毎年「決戦」だと言い続けてきたのである。元となる情報について十分吟味できないほど、日本の情報収集・分析体制が貧困になっているという現実を指摘しておかなければならない。北朝鮮トップにつながるといえば日本政府も無下にはできず、「元統一戦線部幹部」が海外へ行くとき、加藤勝信拉致問題担当大臣が信書を託し、海外にいる北朝鮮関係者に渡していたとも聞く。日本からの信書や情報はおそらく平壌にも届いていると思われる。ただし、それがトップにまで届くようなルートなのかどうかはまったくわからない。

しかし、ある外務省関係者が私にこう言っていた。「既に一〇年以上もこのルートを頼っているが、うまくいったことがない」。

ストックホルム合意の陰で見捨てられた被害者

私が参議院議員となった二〇一〇年七月当時は菅直人政権だった。菅総理と拉致問題について二人だけで三時間ほど話をする機会があったが、いまでも印象に残っていることが二つある。一つは拉致問題で失敗すれば内閣が吹っ飛ぶと言っていたことだ。鳩山政権、菅政権、野田政権の三つの民主党政権を比べると、拉致問題について一番動きが緩かったのは菅政権だったと私は判断している。もう一つは、外務省は総理が指示しなければ動かないということだ。安倍政権で官邸外交が続く中で外務省が動けなかったのもそれが理由だ。外務省に不信感を抱いていた安倍総理が指示を出さなかったのだ。

二〇一二年一月成立の第一次野田改造内閣では松原仁氏が拉致問題担当大臣に就任して、少し動きがあった。拉致問題担当大臣の役割は、一言で言えば連絡調整係である。総理大臣が責任者で、さまざまな企画立案について各大臣、各部署との連絡調整をするのが拉致問題担当大臣だ。

松原大臣当時に注目されるのは、何度も北朝鮮を訪問していた芦沢一明渋谷区議に、北朝鮮のしかるべき幹部に松原大臣が北朝鮮との交渉に熱心だと伝えてくれと依頼していたことだ。私は芦沢区議と親しく、北朝鮮側は松原氏が普段どのような発言をしているかを承知していて、そうした北朝鮮に対する批判的発言についていまどう考えているのか、過去に言ってきたことが変わるのかどうか注目したいと言ったと聞いた。余談だが、松原氏は二〇二二年には衆議院外務委員会で金正恩氏の資産を凍結せよという質問をする一方で、今はコロナ禍にあって無理だが、超党派の訪朝が実現するならば自分も連れて行ってほしいと、日朝議員連盟のメンバーに頼んでいた。北朝鮮側はそうした情報をすべて摑んでいることを付記しておく。

松原氏は在任中に、金正日総書記の料理人で、日本に帰国後再訪朝して、平壌で料理店を営んでいた藤本健二氏(ペンネーム)に何度か接触している。藤本氏は、二〇一一年一二月に最高指導者になった金正恩氏とは幼少時代から面識があり、松原氏は藤本氏に、金正恩氏と会ったら自分が熱心に拉致問題に取り組んでいると伝えてくれと直接依頼していた。

藤本氏は二〇一二年七月に訪朝して金正恩氏と面会していて、その後九月に再訪朝することになっていた。再訪朝の前に面会したとき、松原氏は藤本氏に野田総理の「首相親書」を渡すことになっていたのだが、すでに外務省で実務者レベルの日朝交渉再開が動き出しているとして、野田総理が断ったという。ここで確認しておかなければならないのは、日朝交渉の基本は外務省であって、拉致問題対策本部ルートではないということだ。

また、野田政権では、「重要情報」があるとして、官房長官が全日空に平壌への直行便、チャーター便を確保したことがあった。二〇一二年三月四日から羽田に待機させたが、四月になっても直行便が飛ぶことはなかった。偽情報に踊らされていたのだ。ここでもカネが動いていた。ことほど左様に、北朝鮮関係の情報収集・分析は難しい。拉致問題担当大臣は問題の早期解決へ向け企画立案及び行政各部の所管をする事務の調整担当であり、実際の外交交渉は実績のある外務省の仕事だ。総理が、日朝交渉に携わった田中均外務審議官たちのような長い蓄積、外交経験を有効に活かせるような指示をしない限り、今後も拉致問題、北朝鮮問題は前へ進んでいかないだろう。個々の努力はあるのだが、それが統一した指揮命令系統のもとに調整されることがなかったのだ。

しかし、民主党政権末期の努力は外務省の動きと関連していき、野田政権と第二次安倍政権の時期に政府間協議に上がっていた。二〇一二年一一月一五、一六日には民主党政権で唯一の日朝政府間協議がおこなわれた。実は福田康夫政権末期の二〇〇八年六月(北京)、八月(瀋陽)にも正常化交渉に向けた実務者協議があり、外務省の齋木昭隆アジア大洋州局長と北朝鮮の宋日昊朝日国交正常化交渉担当大使が会談し、六項目の合意がなされた。福田政権が続いていたら、福田氏は訪朝するつもりだった。

福田政権や民主党政権時代の努力があったからこそ、二〇一四年五月のストックホルム合意につながっていったのだ。その流れの一環として、二〇一四年三月に横田滋氏と早紀江氏がモンゴル・ウランバートルで、横田めぐみさんの娘のウンギョンさん一家に会うという成果がもたらされた。横田夫妻は、めぐみさんがいなくなってから、モンゴルでの孫との出会いほどうれしいことはなかったとおっしゃっていた。

しかしこの後、日朝関係は冷え込んでいく。ストックホルム合意後の交渉で、二〇一四年と一五年に北朝鮮から重大な情報が伝達された。政府認定拉致被害者の田中実さんと、認定されてはいないが拉致の可能性がある金田龍光さんが生きているというのだ。北朝鮮は田中さんについて未入境、つまり北朝鮮へ入っていないとしていたのに、一転して拉致及び入境を認めたのである。

ところが、日本政府はその情報を隠蔽してしまった。その通告から四年後、共同通信がスクープした(二〇一八年三月一六日)。私は二〇一八年三月二八日の本会議予算委員会でも安倍総理に質問し、二〇一九年の通常国会で政府への質問主意書を五本出したが、答えを差し控えるという決まり文句に終始した。横田めぐみさんが生きているという伝達が仮にあったとすれば、すぐに飛んでいくだろう。しかし田中実さんならば行かないということは、政府認定拉致被害者に序列があるのではないかと言わざるを得ない。安倍政権は命の選別をしたのである。政府認定拉致被害者が生きていることを確認し、一時帰国を実現したならば、安倍政権の大きな成果になったことは間違いない。それを放置した政権は、冷血だとしか言いようがない。

途切れた水面下の交渉

安倍総理は二〇一九年五月一日に、産経新聞のインタビューに答えて「条件を付けずに金正恩朝鮮労働党委員長と会って、率直に、虚心坦懐に話し合ってみたい」と語った(二〇一九年五月二日付)。

日本では報道されていないが、二〇一八年二月に北朝鮮当局は安倍政権を相手にしないと決めている。一七年九月二〇日(現地時間)の国連総会で安倍総理が、対話と圧力ではなく「必要なのは対話ではない、圧力だ」と北朝鮮を非難する演説をおこない、その翌日、河野太郎外務大臣がコロンビア大学で演説をして、世界中の国々に北朝鮮と断交せよと迫った。このような経過があって、北朝鮮は圧力一辺倒の安倍政権を相手にしないと判断したのだ。

一方、一八年六月一二日、トランプ大統領は金正恩委員長とシンガポールで首脳会談をおこない、それに先立つ四月には文在寅大統領と金正恩委員長による南北対話も開催された。六カ国の中で日本の安倍政権だけが金正恩委員長と対話を持つことができないという状況に追い込まれていた。安倍氏の「条件を付けずに金正恩氏と向き合う」という方針は、こうした状況で出されたものだった。

北朝鮮に対する向き合い方、自分たちも条件を付けないで首脳会談をやりますといったきれいごとのポーズ、やっている雰囲気だけを出す態度が、安倍政権に続く菅義偉政権、岸田文雄政権と続いている。これでは新たな展開は生まれるはずもない。おかしな情報に踊らされて、北朝鮮は追い込まれていると言っていても、現実にそうした状況にはない。圧力一辺倒の基本路線を変えなければ、日朝交渉は動かないのだ。

朝日新聞夕刊の連載「現場へ！　拉致　北朝鮮と向き合う」(二〇二二年三月二八〜三一日)の第二回目では、金丸信元副総理の次男で、同年亡くなられた信吾さんに取材している。信吾さんは一九九〇年に父の訪朝に同行して以降、通算二二回にわたって北朝鮮を訪れているが、一九年五月の「条件を付けずに向き合う」との安倍発言の後、九月に訪朝して宋日昊大使と会った。宋氏は発言を知っていると言い、信吾さんが「日本からアクションはあったか」と尋ねたところ、「まったく何もない」と答えたという。信吾さんが「宋さんの知らないルートもあるのではないか」と重ねて聞いたが、宋氏は「日本の官僚はよく代わるが、私は何十年も一人で担当してきた。私が知らないはずはない」と断言した。それが事実だろう。

私の知るかぎりで言えば、一八年七月、北村滋内閣情報官が統一戦線部幹部とハノイで水面下での交渉をおこなったときに、北朝鮮側は条件を出している。一言でいえば「過去の清算」だ。朝鮮幼稚園、朝鮮学校の無償化措置からの排除という差別政策を止めること、また、いま朝鮮総連の幹部が北朝鮮へ行くと日本に戻ってこられないので、その往来の規制の一部解除といった課題だ。このような北朝鮮からの条件を日本側が検討してクリアすれば、日朝交渉は再び進む可能性がある。しかし一八年以後、日本政府は何も具体的に動こうとしていない。水面化の交渉は途切れて数年経つ。

パンフレットとブルーリボン・バッジ

内閣官房拉致問題対策本部事務局が定期的に作っているのが、『北朝鮮による日本人拉致問題――一日も早い帰国実現に向けて！』というパンフレットだ。冒頭から政府認定拉致被害者一七人の写真と失踪場所、拉致問題での日朝間のやりとり、「拉致問題Q＆A」、年表などである。以前のパンフレットには「全閣僚がブルーリボン・バッジを着用して閣議に臨む」という項目があった。国会を歩いていると、自民党の議員はかなりの人がブルーリボン・バッジを付けている。私が拉致問題特別委員会で質問したとき、反対側に座っている自民党のメンバーを見ると、拉致特別委員会委員長だった丸川珠代氏をはじめ、バッジを付けていない人が散見された。ポーズすら、やっている感すらもはやない。

一方、立憲民主党の拉致問題責任者だった森裕子氏は新潟出身だが、ブルーリボン・バッジを付けずに拉致問題の集会に行くと、拉致被害者家族からなぜ付けていないのかと糾弾されたと言っていた。バッジを付けること＝問題に取り組んでいるかのような政治がまだ続いている。

啓発活動として拉致問題啓発舞台劇公演『めぐみへの誓い―奪還―』が各都道府県で上演され、映画にもなり、中学・高校生に見せて作文のコンクールを開催している。拉致問題が風化しないように努めることは必要だが、拉致問題の解決のために政府がやるべきことは作文コンクールなのだろうか。毎年一二月には政府主催の国際シンポジウムや集まりがあり、作文コンクールの表彰式がおこなわれる。これが最も中心的な活動であるというのはなんとも悲しいことだ。私は演劇、映画の両方を観たが、きわめてイデオロギー色の濃い、北朝鮮がいかにとんでもない国であるのかというキャンペーンの一環である。横田めぐみさんが政治犯の収容所へ入れられているとか、特定失踪者が薬を打たれて船で北朝鮮へ連れて行かれたなど、事実でないことが描かれているにもかかわらず、政府が作文コンクールを開催して広めようとしている。そして残念なことに、こうした広報しかやることがないのが現状である。

北朝鮮向けラジオ放送の「あらゆる事態」とは何か

拉致問題対策本部の情報発信として、二種類の北朝鮮向け短波ラジオ放送がある。政府がおこなっているのが「ふるさとの風」と「日本の風」という短波放送で、毎日五時間放送している。総理大臣のメッセージを送ったり、拉致された方々の世代を考えて沢田研二の昔の曲を流したりしている。特定失踪者問題調査会も「しおかぜ」という放送をおこなっている。拉致被害者が北朝鮮で聞くことができるのか疑問だったが、拉致被害者・家族支援室が五人の帰国者の聞き取り調査をした際に地村保志氏が日本のラジオ放送を聞いていたと証言しており、電波は届いていると確認できた。

ラジオ放送については大問題があった。第一次岸田内閣で拉致問題担当大臣になった松野博一氏は、二〇二二年三月八日の所信表明でラジオ放送に触れ、拉致被害者への激励や北朝鮮の人々に向けた情報発信の一層の拡充強化を図りたいと言った後で、「あらゆる事態への対応にも万全を期してまいります」と言ったのだ。調べてみると前の加藤勝信大臣の所信表明にも同様の文章が入っていた。

私は三月一一日に、「あらゆる事態」とはどういう意味かを質問した。松野大臣は「あらゆる事態とは、北朝鮮にいかなる事態が生じても所要の対応をおこなってまいるという趣旨でございますが、個別具体の事態に関しましては、仮定の話でもあり、お答えは差し控えさせていただきたいと思います」と返答した。私は重ねて、北朝鮮に内乱が起きたり崩壊したときに、拉致被害者に向けてどのようなラジオ放送をするかということかと質問したが、松野大臣は、いかなる事態が生じても所要の対応をおこなう、個別具体の事態については答えを差し控える、と繰り返すばかりだった。政府は決して認めようとしないが、緊急事態の内容まで吟味しているということだ。そして、北朝鮮は大臣の所信を必ず見ている。日本政府が北朝鮮に対してどのような方針で対応しようとしているのかをチェックしているので、これは非常に重要な問題である。

超党派の議連は動くか

『拉致問題を考えなおす』の中の論考で、青木理氏が拉致問題対策本部の幹部に会ったときの話を引用していた。

　私も対策本部の幹部に「広報活動といっても、あまりにバカバカしいものではないか？」と尋ねたことがあるのですが、この幹部は諦め気味の表情でこう語っていました。「対北朝鮮政策について政府周辺やメディア等には勇ましい強硬論ばかりが飛び交っているが、現実には拉致問題の交渉は完全なる膠着状態に陥ってしまっており、はっきりいって何の進展も展望もない。これから進展する見通しも当面はみられない。そうすると、政府として「拉致問題に一生懸命取り組んでいますよ」という姿勢をアピールするには、こうした広報活動を熱心にやるくらいしかないんです……」実に正直な方です（一八二頁）。

ここで聴衆から笑いが起こったと記録されている。これから一〇年以上経つが、今日の拉致問題対策本部の状況も、何も進んでいない。どう問題を打開していくのか。それが大きな課題だ。

なんとか日朝交渉を動かそうと思っている国会議員も存在する。政府が何をやろうと、現在の硬直した路線のままでは動かないのだから、政府とは別に自民党から共産党までふくめて超党派の日朝友好議連でいこう、という動きもある。

拉致被害者家族は、北朝鮮に残酷な肉親の拉致をされたのだから、抗議をし、家族を救いたいと運動を続けるのは当然のことだ。しかし、救う会が方針を決めて、それを家族会が追認して、そこに政府が縛られているという現実がある。その歪みを正し、楔(くさび)を断ち切ることができるのか。

それが私の問題関心である。

補　論

私がこの報告をおこなってから現在までに大きく二つの動きがあった。

ひとつは人事だ。二〇一四年四月一日から二三年三月末まで約九年間にわたって拉致問題対策本部事務局長を務めてきた石川正一郎氏が定年を迎えて退任し、内閣官房参与に就任した。後任には福本茂伸内閣審議官が就任。石川氏が神奈川県警本部長を務めたように、福本氏も滋賀県警本部長ほか要職を歴任するなど、いずれも警察庁人脈だ。ちなみに石川氏の前任者は、千葉県警本部長や警察庁外事情報部長などを歴任してきた三谷秀史(みたにひでし)氏だった。

拉致問題についての捜査をおこない、政府が被害者だと認定する場合には、その客観的な情報を核心的な根拠にする。拉致問題対策本部の司令塔に警察庁出身者が就くのはそんな事情がある。いまでも対策本部には警察庁のキャリア出身者が多い。

私が参議院議員だったとき、三谷事務局長から、北朝鮮に拉致された可能性を排除できない行方不明者について説明を受けたことがある。民間団体の「特定失踪者家族会」が、ある人物について「拉致被害者であることを警察が認めない」と批判し、政府が被害者だと認定するようキャンペーンをおこなっていた。私が「北朝鮮による拉致問題等に関する特別委員会」で、そのテーマを質問する準備をしていたときだ。三谷氏は捜査情報を具体的に説明してくれた。私は納得して質問内容を変更した。民主党政権時代だった。

ふたつ目は情報源だ。本報告でも触れたが、民主党政権のときから拉致問題対策本部は、ある脱北者を重要な協力者にした。「北朝鮮のトップにつながるルートがある」と言われれば、情報収集費を使ってでも意見を聞き、「北朝鮮ルート」を信じて接触を依頼するのは当然だ。

このルートが大きく動いたのが二〇二三年三月と五月だった。「日朝、今春二回の秘密接触」「東南アジアで　その後の交渉停滞」「高官の平壌派遣　一時検討」と、朝日新聞(二三年九月二九日付)は一面トップ記事でスクープした。この記事を書いた鈴木拓也元ソウル特派員は、『北朝鮮・拉致問題の深層』(朝日新聞出版、二〇二四年)で、その背景についても分析している。私の調査では、拉致問題対策本部事務局長の福本氏と前事務局長の石川氏が「秘密接触」に関わっている。岸田文雄総理が二三年五月二七日に拉致問題の即時一括帰国を求める国民大集会で「総理直轄のハイレベル協議」と言い出した根拠だ。

北朝鮮側はその二日後に朴尚吉(パクサンギル)外務次官が談話を出した。この反応の早さは水面下接触の「成果」だった。日本のメディアは談話にある「朝日両国が互いに会えない理由がない」という部分だけを過大に評価し、日朝首脳会談への期待を報じた。しかし、その前段には「大局的姿勢で新しい決断を下し、関係改善の活路を模索しようとするなら」とある。しかもコメントの最後はこう締められている。「日本は、言葉ではなく実践の行動で問題解決の意志を示さなければならない」。日本側にボールは投げられたのだ。もし「総理直轄のハイレベル協議」があるとすれば、派遣されるのは外務事務次官だった秋葉剛男・国家安全保障局長だろう。外務省関係者がやはり東南アジアで北朝鮮側と接触したとの情報もある。ただし「接触」と「交渉」は次元が異なる。

二月一五日の朝鮮中央通信のウェブサイトは「金与正(キムヨジョン)朝鮮労働党中央委員会副部長談話」を掲載、「拉致問題を障害物としなければ首相訪朝も」とあるので、日本政府もメディアも浮き足だった。談話の特徴は以下の通りだ。①二〇二三年の外務次官談話よりレベルが高まり、「個人的見解」としたものの、金正恩委員長の合意がなければ出せないこと、②その意味は、日本政府が接触しているルートは、確実にトップに報告が届いているということであり、③しかし核心は「拉致問題は解決済み」とする北朝鮮側の原則は崩さず、④「現在までわが国家指導部は、朝日関係改善のためのいかなる構想も持っておらず、接触にも何の関心もないと知っている。今後、岸田首相の内心を見守らなければならないであろう」と結んでいる。拉致問題解決への道は、圧力一辺倒の安倍晋三路線を脱するところからしかはじまらない。

(二四年二月二〇日記)

第7章　横田家三代　女性たちの思い

和田春樹

拉致問題を考えるとき、私たちはいつも横田めぐみさんの問題を考える。被害者家族の気持を思うと、私たちはいつも横田早紀江さんの声を聞く。この二人につらなる三人目の人としてキム・ウンギョンさんの存在も忘れることはない。横田家の三代にわたる女性たちが経験した苦しみ、その思いについて、あらためて考えてみたいと思う。

1　娘　横田めぐみ

一三歳の中学生

横田めぐみさんは一九六四年一〇月五日に名古屋で生まれた。父横田滋さんは日本銀行名古屋支店に勤務、母早紀江さんは専業主婦である。めぐみさんはこの夫婦の長女で、下に双子の弟がいる。父の転勤により、めぐみさんは小学校六年生であった七六年、新潟に住むようになった。七七年三月市立新潟小学校を卒業し、翌四月市立寄居中学校に入学した。家は海岸に近いところにある銀行の住宅の一軒であった。中学校ではバドミントン部に属し、熱心に部活をやっていた。

一九七七年一一月一五日、めぐみさんは一三歳になったばかりの中学一年生であった。放課後、バドミントン部の練習を終え、六時二五分に校門を出て帰宅の途についた。クラブの仲間二人と一緒だった。まず一人が去り、次いで二人目の仲間と別れて、一人になったのは六時三五分頃と考えられている。そこからは一人で海岸の方向に道を進み、自宅のある通りに曲がる直前、何者かに拉致された。警察犬が彼女の消えた地点を確認している。

彼女を拉致したのは、北朝鮮の工作員であったとの情報は、まず、朝日放送のディレクター石高健次氏が韓国の情報機関国家安全企画部から出た話として、『現代コリア』一九九六年一〇月号に書いた。

　恐らく七六年のことだったという。十三歳の少女がやはり日本の海岸から拉致された。……少女は学校のクラブ活動だったバトミントンの練習を終えて、帰宅の途中だった。海岸からまさに脱出しようとしていた工作員が、この少女に目撃されたために捕まえて連れて帰ったのだという。少女は賢い子で、一生懸命勉強した。「朝鮮語を習得するとお母さんのところへ帰してやる」といわれたからだった。そして、十八になった頃、それがかなわぬことだとわかり、少女は精神に破綻をきたしてしまった。……少女は双子の妹だという（「私が『金正日の拉致指令』を書いた理由」、『現代コリア』一九九六年一〇月号）。

この情報は驚くほど正確な情報であったことが後に明らかになる。事件が起こったのが七六年頃というのも事実と近く、一三歳で、バドミントン練習の帰りということは完全に正確で、双子の兄弟姉妹がいるという点もほぼ正確である。北朝鮮に入ってからの話も正確であった。しかし、海岸から脱出しようとしたところを見られたため連れて帰ったという点は、通りは暗く海岸に近いと言っても松林までは距離があり、工作員の脱出をめぐみさんが見たということはありえない。

めぐみさんの拉致は、長い間政府認定の暴力的拉致の最初のケースだった(今では約一カ月前に鳥取の松本京子さんの事件があったとされている)。翌年七、八月に四件、八人、未遂一件、二人と、大々的な作戦をやる前のある種の小手調べ、実験的な試みであったのではないかと考えることができる。中学生を拉致するということは特別な意図を持ってやったこととは考えられない。これから日本人拉致の作戦をするので、誰でもいいから試験的に一人拉致してこいというような指令が出ていて、暗い道で出会いがしらに、中学生だということはわからずにめぐみさんを拉致したのではないだろうか。それが、最も深刻な犯罪的な結果を生むことになった。

安明進証言の果たした役割

拉致された一三歳の少女は、何が起こったのかわからず、ただ恐怖にうちひしがれたと考えられる。船上でのめぐみさんの状況について語っているのは、元北朝鮮工作員安明進氏である。安氏は一九九八年三月に出した『北朝鮮　拉致工作員』(徳間書店、一四五頁)の中で、「船倉でも少女はずっと「お母さん、お母さん」と叫んでおり、出入口や壁などをあちこち引っかいたので、着いてみたら彼女の手は爪が剝がれそうになって血だらけだったという」と書いている。これはもちろん自分が見た話ではなく、めぐみさんを拉致してきた教官から聞いた話と言われている。

安明進氏は、先の石高氏が伝えた一九九六年一〇月情報に続く第二の情報の提供者として九七年二月に現れた。彼の証言は、北朝鮮で横田めぐみさんを見たという本人の目撃情報と、めぐみさんを拉致した教官から聞いた伝聞情報の二つからなっている。安明進氏には当の石高氏が九五年六月と一一月にインタビューをおこなっているのだが、安氏はそのときはめぐみさんについて何も語っていない。九七年二月日本でめぐみさんが拉致されたという記事が現れると、その記事に出ているめぐみさんの中学一年の写真を見て、彼女に一九八八〜九一年にかけて金正日政治軍事大学で何度か会ったと語り始めたのである。

この安明進証言はめぐみさん拉致の決定的な証言として大きな影響力を持った。めぐみさんが政府認定の拉致疑惑者となったことについても、さらに拉致問題が日本の中で一つの政治問題として確立するのにも、安証言は重要な役割を果たすことになった。石高氏は、安氏から直接めぐみさんのことを聞いたことがなかったが、九七年三月に韓国の国家安全企画部の許可を得て、横田夫妻を韓国に案内し、安氏に引き合わせた。

しかし、安氏の証言自体はいかなる検証もされていない。彼が拉致当時の一三歳のめぐみさんの写真を見て、自分が会った大人の女性と同一人物だと断定しえたということからして疑問が生じる。成人しためぐみさんの写真は後にいくつか発表されたが、あの写真がめぐみさんのものだということは鑑定を経てはじめて認められたのである。以下随時検討していくが、横田めぐみさんに関する安氏の証言はほとんどすべて信頼できないというのが私の判断である。

船倉内のめぐみさんの行動に戻ろう。安氏は、めぐみさんが壁をかきむしって手を血だらけにしたと述べたが、そのような行為は、あくまでも抵抗する、脱出を求めるという強い意志を前提にする。中学一年生がやれることではないだろう。さらに安氏の証言は時とともに新しいことが加えられて、変わるのが特徴である。映画『めぐみ』では、「拉致されて船に乗せられた彼女は船内の小部屋に閉じこめられました。鉄製の戸や壁をひっかいて、爪がはがれ、さらに船酔いで食べたものを吐き出し、嘔吐物と血にまみれ、見るに堪えなかったそうです。そのときのショックで精神に異常が出たのです」と語っている。「嘔吐物と血にまみれ」というのは、安氏が新しく想像したことだと考えられる。船酔いはありうることだが、拉致のショックで精神に異常が出たというのも新しく付け加えられた話で、それは明らかに事実と異なっている。

曽我ひとみさんとの生活

北朝鮮でのめぐみさんの生活については、帰国した蓮池薫・祐木子夫妻が二〇〇四年六月一五日に横田夫妻に報告している、取材した日本テレビの記者が蓮池夫妻の伝えた内容に基づいて報道ドラマスペシャル『再会～横田めぐみさんの願い～』を制作し、二〇〇六年一〇月三日に放映した。このドラマに表現された蓮池証言は石高氏が伝えた一九九六年一〇月情報と合致しており、信頼することができる。取材に当たった福澤真由美氏による第4章を参照されたい。

清津港に上陸しためぐみさんは北朝鮮という国についてまったく知識を持っていなかったと思われる。新潟は北朝鮮の対岸だが、北朝鮮について中学校で教えられることはなかったであろう。

彼女はそこから自動車で平壌まで運ばれた。不安は増すばかりであったはずである。だから、平壌の招待所に着いて、指導員から「朝鮮語を勉強しなさい。勉強したらきっと日本へ帰れる」という言葉を聞いたときに、彼女の心に一筋の希望の光が現れたと考えられる。めぐみさんはこの指導員の言葉にすがり、それにあらゆる希望をかけて、生きていくことになった。

一九七八年八月一九日、めぐみさんのいた万景台招待所に、一週間前に新潟で拉致された曽我ひとみさんが到着し、一緒に生活するようになった。めぐみさんにとって、五歳年上のお姉さんにあたる曽我さんとの共同生活は非常にうれしいものであったであろう。しかし、このうれしい生活は長く続かなかった。一九八〇年の前半のある日、曽我さんはこの招待所を去っていった。

そもそも曽我さんはアメリカ人脱走兵チャールズ・ジェンキンス氏のための配偶者候補として拉致された人であった。ジェンキンス氏の回想によれば、彼のもとにいた女性料理人が去ったのが一九八〇年一月、曽我さんが英語を教えてほしいと彼のもとに現れたのが同年六月三〇日のことであった(『告白』角川書店、二〇〇五年)。おそらく一九八〇年春頃にめぐみさんと曽我さんは引き離されたのだと考えられる。曽我さんが去った後、めぐみさんはもとの孤独な生活に戻った。

それでもめぐみさんには、朝鮮語をマスターするという宿題があった。それが完全にできるようになれば、日本に帰してくれるという約束を信じ、孤独にも耐えて一心に勉強したと考えられる。拉致されてきて五年が経過し、彼女の朝鮮語はほぼ完璧なものとなった。一九八二年、彼女は一八歳になっていた。その頃から、彼女は指導員に日本にいつ帰れるのかと尋ねるようになったのであろう。もちろん指導員ははぐらかして取り合わない。彼女は指導員に迫り続け、ついに精神病院に入院させられることになったと考えられる。以上は、石高氏が伝えた一九九六年一〇月の情報に基づく主張である。

一般に共産主義国では、反抗的な人間を政治犯として逮捕投獄する前に精神病患者として入院させることがよくおこなわれた。めぐみさんが精神的な異常の兆候を見せなくとも、日本へ帰せ、約束したではないかと言い続ければ、精神病院に入院させられることはありうる。しかし、精神安定剤の連続投与を受けて退院してきても、またしばらくすれば、めぐみさんは同じ要求を繰り返し、再び入院措置がとられるということになったと考えられる。精神への圧迫が次第に強められていった。しかし、それでもめぐみさんの精神の安定は得られない。

田口八重子さんとの同居、そして結婚

そこで、当局としては別の方法を考えざるをえなくなった。日本人と同居させることが決められ、選ばれたのが田口八重子さんであった。一九八四年、めぐみさんは二〇歳になっていた。九月、忠龍里招待所で田口さんとの共同生活が始まった。大韓航空機爆破事件の犯人とされる金賢姫氏の証言によれば、一九八一年七月から八三年三月まで李恩恵氏から日本人化教育を受けたというが、李恩恵とは田口さんのことであると明らかになっている。彼女は金賢姫の教育を終えてめぐみさんのところへ来たということになる。田口さんは二九歳、めぐみさんより九歳年上であった。

忠龍里招待所には、蓮池薫・祐木子夫婦、地村保志・富喜恵夫婦が住んでいて、めぐみさんは

この人々とも往来した。蓮池薫氏の日本テレビ報道ドラマスペシャル『再会』での証言では、めぐみさんは田口さんの支えや説得にもかかわらず、毎日のように指導員に日本に帰せと迫るという具合であった。

一九八六年春、田口さんは持病の腰痛が悪化し、治療を受けるという理由でこの招待所を去った。その直後、蓮池、地村夫妻も引っ越しを命じられ、めぐみさんはあらためて孤独の生活に戻った。彼女は引き続き、指導員に日本に帰せと迫っていたのであろう。そこで、指導員は、結婚して家庭を持てば落ち着くだろうと考えたようである。

田口さんが去った直後、日本語を習いたいという韓国人拉致被害者金英男氏が現れ、めぐみさんは彼に日本語を教えることになった。やがて金氏に求婚されて、一九八六年八月一三日、二人は結婚した。めぐみさんは二一歳であった。結婚後太陽里招待所へ移り、再び蓮池、地村夫妻と一緒になった。再会した蓮池氏らの目には、めぐみさんは結婚して、落ち着いたように見えた。たしかにめぐみさんの心も少し穏やかになったと考えられる。

一九八七年九月一三日、めぐみさんはウンギョンさんを出産した。しかし、その後問題が起こった。一般にマタニティブルーといわれる出産後の軽鬱状態は産婦の半数近くが経験し、約一〇日後には自然消滅するが、産後鬱病は出産後二週間から数カ月のうちに発症し、既往の精神障害が再発するケースも多いと指摘されている。めぐみさんの場合はこれにあたると考えられる。

ウンギョンさんが三歳になった一九九〇年頃には症状が悪化した。『再会』では、めぐみさんの自傷行為が描かれ、自殺に容易に移行しかねない状況であったことが示唆されている。それから夜間の徘徊と統制区域からの脱走が起こった。もとよりこの間もめぐみさんは入退院を繰り返している。彼女としては、日本に帰ること、日本の家族に会うことしか考えられず、帰国するためには平壌における自分の生活を否定しなくてはならないという観念に引き込まれているように感じられる。家庭崩壊の状況である。

悪化する精神状態と悲劇

一九九四年三月一三日、めぐみさんはついに隔離病棟に送られることとなり、蓮池祐木子さんと夫に見送られ、車で出発した。蓮池夫妻はそのときから二〇〇二年に帰国するまでの八年間、めぐみさんの姿を二度と見ることがなかったと述べている。『再会』での蓮池氏の証言では、隔離病棟とは義州の病院だとされているが、北朝鮮政府は、義州に送ることになっていたが、当局の考えが変わって平壌郊外の病院に入院させたと説明している。

北朝鮮政府の報告では、隔離病棟に入った後めぐみさんは自殺したとされている。第一次日朝首脳会談直後の報告では、一九九三年三月一三日、平壌市勝湖（スンホ）の四九号予防院で死亡したと通知されたが、後の藪中局長に対する第二次報告では、同予防院の構内で自殺したと説明が変わり、さらに死亡の日も一九九四年四月一三日と修正された。夫金英男氏も娘ウンギョンさんも、妻であり母である人は死亡したと考えており、金氏は再婚している。再婚は、再婚による息子が生まれた一九九八年の一、二年前だと考えられる。

めぐみさんの死亡に関して北朝鮮政府が提出した文書資料は不明確なものが多いと言われてい

る。また、二〇〇四年に金英男氏から日本側に引き渡されためぐみさんの遺骨のＤＮＡ鑑定については、警察庁チームはいかなるＤＮＡも検出できず、帝京大学の吉井富夫講師のチームは、めぐみさんのものではない二種のＤＮＡを検出した。しかし、このＤＮＡ鑑定については、イギリスの科学誌『ネイチャー』を巻き込み、北朝鮮側から疑問が提起されている。司法の常識からすれば再鑑定が不可欠だが、日本の警察は骨を犯罪の証拠として差し押さえており、吉井氏を警察の職員にしてかかえこみ、外部と接触させないままである。

結局のところ、めぐみさんは一三歳という幼い身で理不尽な暴力により拉致されて北朝鮮に連れて行かれ、暗黒の中に置かれた。その中で、朝鮮語を学べば日本に帰れるという言葉を聞き、そのことだけを信じて五年間一心に勉強した。にもかかわらず約束は反故にされた。彼女はそのことを受け入れることなく、一九八二年から九四年まで一二年間抗議を続け、帰国を求め続けた。その中で次第に精神のバランスを失っていき、生きる気力をなくしていくという悲劇的な道を歩んだと考えられる。彼女の姿を蓮池氏らが最後に見た一九九四年からすでに三〇年が経とうとしている。

2　孫娘　キム・ウンギョン

普通の北朝鮮の子どもとして

キム・ウンギョンさんは一九八七年九月一三日、平壌で生まれた。父は金英男、母はリュ・ミヨンスク（横田めぐみ）である。

ウンギョンさんが三歳になった一九九〇年頃から、母ミョンスクは精神のバランスを失い、家庭は崩壊状態となった。母が入退院を繰り返す間、ウンギョンさんは蓮池夫妻に預けられ、やがて外部の施設に預けられたと考えられる。母が一九九四年三月に最終的に隔離病棟に入れられたとき、ウンギョンさんは六歳半になっていたが、見送ってはいなかった。

ウンギョンさんは一五歳になった年、二〇〇二年九月三〇日、日本政府代表齋木昭隆参事官らに面接を受け、また同年一〇月二五日、朝日新聞、毎日新聞、フジテレビのインタビューを受けた。これらの面接、インタビューにおいて、ウンギョンさんは母の死について、自分が幼稚園にいた五、六歳の頃のことだとして、次のように述べている。

亡くなるしばらく前から頭が痛いと言って、病に伏していたので、その横で私は「お母さん死なないで」とよく泣いていました。そのままある日母は病院に担ぎ込まれて入院しました。何回か面会に行きました。母がなかなか戻ってこないので、おかしいと思っていたら、父が母は亡くなったと言いました（京都新聞二〇〇二年一〇月三〇日）。

私は五、六歳でしたので、よく記憶がありません。しかし、病気で入院したのは覚えています。私は病院によく行きましたけれど、お母さんはとても喜んでいたので、そんなに病気がひどいとは思いませんでした。……お父さんがお母さんが亡くなったことを言ってくれましたが、信じられませんでした（毎日新聞二〇〇二年一〇月二六日）。

五、六歳のウンギョンさんが入院している母親を見舞ったことはあったかもしれないが、そのことを詳細に記憶しているのは無理であろう。この発言は当局が用意した通りを述べたものと考えられる。母親については、彼女は写真と遺品と父親の話から偲んでいるのであろう。

施設で成長した彼女は、当然ながら、国の首領金正日を父母以上の「オボイ」(親)として敬うようになったと考えられる。一九九四年母と完全に断ち切れた後に、彼女は次第に意識と記憶を持つ人格になっていくわけだが、それは金日成が死去して金正日が後継者として登場する時期であった。その意味ではウンギョンさんは金正日の娘という自覚を持って成長していったのである。

彼女が一〇歳ないし一一歳になった頃、父が再婚した。微妙な年頃だったと思われるが、ウンギョンさんを知る人々は新しい母との関係はとても良好だという。一九九八年に生まれた弟チョルボンを彼女は愛しているようだ。

韓国、日本、北朝鮮に引き裂かれる

そのような彼女が高等中学校最終学年の一五歳のときに起こった横田めぐみについての出来事はあまりに衝撃的であったと考えられる。まず、彼女が死んだと考えている母ミョンスクが実は日本人横田めぐみであり、日本から拉致されてきたということを聞かされた。さらに、日本には祖父と祖母が生きているということがわかったのだ。日本政府の代表、日本のマスコミの代表がやってきて面接、インタビューをされることになったのも驚きの極みであった。

彼女は、どのように振る舞うべきか、当局により入念な指導を受けたのはいうまでもない。彼女自身としても精一杯努力して、動揺を押し隠し、慎重に受け答えして、よい印象を与えたということができる。面接やインタビューに対して、母親のことはいままで知らなかった、拉致のことも知らなかったと答えた。祖父と祖母が日本にいることを知ってうれしいと述べ、しかし日本に行くことはできない、祖父、祖母に会いたい、どうして平壌に来てくれないのかと述べた。自分の希望は、金日成総合大学の政治経済学部に入学することで、将来は党の働き手となりたいと語り、好きな言葉は「情熱」だと語ったのである。

ウンギョンさんはこのような事件を乗り越えて、二〇〇三年、一六歳で金日成総合大学に入学した。しかし、さらに事件が続いた。二〇〇六年、彼女は父親が韓国から来た人間だということを知らされるにいたった。同年六月二八日、彼女は金剛山で父とともに韓国の祖母崔桂月(チェケウォル)、伯母(父の姉)金英子(キムヨンジャ)と面会した。父方の祖母と会って、彼女は泣きながら祖母を抱きしめたと報じられている。

こうなってみて、ウンギョンさんは自分がいかに特殊な運命の子であるかということを強く意識するようになったと思われる。まさに韓国、日本、北朝鮮と、彼女の身体は三つに引き裂かれているのである。

もっとも二〇〇六年の時点では韓国と北朝鮮との関係は和解に向かっており、韓国の祖母との関係は良好であったので、問題はそれほど感じなかったかもしれない。しかし、日本と北朝鮮の関係は二〇〇六年の安倍政権の拉致新政策で決定的に悪化しており、日本の祖父母は平壌に来てくれないままである。二〇〇六年七月には平壌を訪問した日本記者団との父金英男の会見の席に彼女も同席し、あらためて祖父母が訪朝してくれることを願うと表明している。横田滋、早紀江夫妻がどのような言動をしているかについてどの程度の情報が与えられているかはわからないが、韓国の祖母とは違った態度をとっていることは感じているであろう。日本の祖父母が母の死を認めないとしていることは伝わっていると考えられる。自分は五、六歳のときから母は死んだと聞かされ、母を知らない状態で成人になるまで生きてきた。だのに日本の祖父母は、母は生きているとしているのは、理解できないと考えているであろう。日本の祖父母との間に人間的な交流は存在しない。そうしたすべてのことがキム・ウンギョンさんの心に傷を与えているとしても不思議はない。

彼女が自分の境遇を受け入れて、意味ある人生を歩むためには、日本の祖父母と人間的なつながりを感じることが必要である。彼女は母の国と自分の祖国北朝鮮との関係が正常化することを切実に願っていると考えられる。

引き裂かれた者同士を結びつけるツバメ

その後、キム・ウンギョンさんの消息はまったくわからなくなった。日朝間の交渉が絶えたことの影響であろう。二〇〇七年には金日成総合大学を卒業して、コンピューター関係の仕事に就いたということだけが伝えられた。

だが、二〇一七年になると、毎日新聞記者金寿英（キムスヨン）氏がウンギョンさんの夫の両親が日本からの帰国者であるというスクープ記事を出した(二〇一七年一二月四日)。これにより、ウンギョンさんの次の人生のステップも明らかになった。

ウンギョンさんは金日成総合大学で知り合った青年と二〇一一年に結婚した。この青年の両親は在日朝鮮人で、北朝鮮に帰還事業で渡った人たちであった。舅は日本の中部地方で焼肉屋をしている家に生まれ、朝鮮大学校を卒業し一九七六年一〇月に渡航した。舅は、嫁キム・ウンギョンさんが拉致事件の横田めぐみさんの娘であることは最初から承知しており、同情していたという。

そして二〇一三年に娘が生まれた。キム・ウンギョンさんの娘、めぐみさんにとっては孫、早紀江さんにとっては曽孫である。平壌の舅は孫の誕生をとても喜び、智燕(チヨン)という名前を与えたという。「孫娘の名に希望を託し」(新聞記事の見出し)たのであろう。金記者は記事に付した解説の中で、「ウンギョン一家の来歴は、日朝関係の縮図に見える。それは、家族が引き裂かれた歴史の積み重ねだ。……政府は一刻も早く「引き裂かれた家族の歴史」に終止符を打つべきだ」と書いている。

引き裂かれた日本と朝鮮、日本人と朝鮮人の歴史を超えて、引き裂かれた者同士を結び付ける存在になってほしい、「智恵のあるツバメ」になって羽ばたけという願いが横田早紀江さんの曽孫につけられた名前に込められたのである。

智燕さんが生まれた翌年の二〇一四年三月、チャンスが訪れた。多くの人々の願いと努力で、横田夫妻と孫娘キム・ウンギョンさんとの面会が三月一〇〜一四日にウランバートルで実現したのである。ウンギョンさんは夫と生後一〇カ月の娘智燕を連れて、日本の祖父母に会いにやってきた。もちろん北朝鮮政府が望んだ出会いであったことは間違いないところである。

しかし、これは幸福な出会いとなり、早紀江さんの笑顔が朝日新聞三月一七日夕刊の一面トップに載った。早紀江さんはウンギョンさんの印象を「めぐみの若い時の感じによく似ていた。前から一緒にいたような感じだった」、曽孫については「歩行器のようなものに入って、歩き回っていました。一一キロという太った子で、よくなついてくれました。会うことができてよかった」と語った。

平壌の舅もこの出会いをさだめし喜んだであろう。その人は四年後に亡くなったという。

3　母そして祖母　横田早紀江

幸福のさなかの悲劇

横田早紀江さんの経歴は、二〇〇八年の本、『めぐみ手帳』(光文社)に次のように書かれている。

一九三六年京都府生まれ。高校卒業後、商社に勤務。その後、染色関係の仕事に従事。六二年、知人の紹介で滋さんと結婚。名古屋に住むようになり、そこで長女めぐみさんを出産。

早紀江さんは戦争が終わったとき、国民学校の三年生であった。戦後の第一世代である。一九四九年に小学校を卒業、一九五二年に中学校を卒業し、高校に入学した。高校を卒業したのは一九五五年のことである。早紀江さんは短大にも四年制大学にも行かず、すぐに就職した。ごく普通の庶民の家の娘であったのだろう。滋さんとの結婚は一種の見合い結婚だったようだ。滋さんはまじめな人柄のいい人で、幸福な家庭を築くことができた。一九六四年、長女めぐみさんを出産した。最初の娘の誕生で夫は有頂天になり、赤子と妻の写真を撮ってばかりいた。数年後には双子の男子が生まれた。ありがたい子宝に恵まれた夫婦であった。

一家五人で北の町新潟に移ったのが、一九七六年のことであった。そして、翌年娘が中学に入った。だが、その年の一一月一五日、悲劇が起こった。娘が学校から帰ってこなかったのである。学校に行ってみると、バドミントン部の練習はとっくに終わっていた。娘の姿はどこにもなかった。

早紀江さんが味わった苦しみははてしもないものであった。娘がどこに消えたか何もわからないまま、娘の姿を捜し続ける歳月が始まった。この苦しみの中で早紀江さんはキリスト教に近づく。きっかけは自宅の近所に住んでいたアメリカ人の宣教師マクダニエル氏がめぐみさんの捜索に加わってくれたことであった。やがて誘われて、マクダニエル氏の自宅でおこなわれている聖書を読む会に参加するようになった。映画『めぐみ』の中で早紀江さんは次のように語っている。

私は弱虫だからね、このことでたたきのめされて、ぺったんこになって、底まで落ちましたから、悲しみで、もう死んだほうがいいと思ったときがあって、お友達が新潟でバイブルクラスを前からやっていたんです。私はバイブルを読んだことがなかったんです。お友達が聖書を一度読んでごらんと言って、ヨブ記一章二一節だと思います。「主は与え、主は取られる」という箇所があるんです。与えられるのも神様だし、これはだめですといくら人間が離したくないといっても、いま取りますと言われたら、ぱっと取られるのも神様なんです。そのことが悲しいのですが、その悲しさの中でもっと与えられるかということがわかったのです。その箇所を読んだとき、本当にそうだと何ともいえない気分になりました。

このヨブ記の冒頭部分で、主とサタンが問答して、主が僕（しもべ）ヨブをほめると、サタンがあなたがヨブの所有物を奪えばヨブもあなたを呪うだろうと言い返す。主はヨブの持ち物を取ってみろとサタンに言う。サタンのせいで、ヨブは牛も羊もラクダも使用人ともども奪われる。そして息子、娘も大風で倒れた家の下敷きになってみな死んでしまう。ヨブは上着を裂き、頭を剃り、地に伏して祈った。そして言う。「わたしは裸で母の胎を出た。また裸でかしこに帰ろう。主が与え、主が取られたのだ。主の御名はほむべきかな」。ヨブは「罪を犯さず、また神に向かって愚かなことをいわなかった」と書かれている。

これを読んで、早紀江さんは娘がいなくなったことも主のお考えに基づく意味あることなのだと思い、支えられた気がしたであろう。後にマクダニエル氏の導きで、早紀江さんは一九八四年、洗礼を受けることになった。早紀江さんの強さの底にキリスト教信仰がある。

安明進氏の証言

長い間わからなかっためぐみさんの失踪事件が北朝鮮の拉致ではないかと浮かび上がってきたのは一九九七年初めのことである。失踪からほぼ二〇年が経過していた。まず共産党橋本敦議員の秘書兵本達吉氏が石高健次氏の情報を知らせ、文章を届けてきた。その後、石高氏本人も訪問してきた。次いで『AERA』の記者長谷川熙氏も訪れた。実名で記事を出すことには家族は相当に煩悶したが、ついに踏み切った。このときは滋氏の方が積極的であった。

二月八日、高世仁氏が韓国での安明進氏のインタビューを『ザ・スクープ』で放映した。平壌でめぐみさんに会ったという元工作員の証言は大きなインパクトを与えた。三月一四日、石高氏に連れられて、夫妻はソウルに赴き、安明進氏に会った。早紀江さんは安氏についての印象を映画『めぐみ』の中で、「全部が本当かどうか、それは本当はわからないですけど、とても誠実な人柄だなって、私は感じました」と述べている。安氏の話で最も強い印象をうけたのが、拉致されたときの船内のめぐみさんの状況に関する話であった。早紀江さんの頭にはその光景が焼きつけられ、彼女の話にいつも出てくるようになった。『めぐみ』の中での講演では次のように涙とともに訴えている。

船内で四〇時間も「お母さん、助けて、助けて」と泣きわめいて、暗い漆黒の闇の中を北朝鮮へ連れて行かれたと聞きました。向こうについたときは爪がはがれて、どこから逃げたらいいんだろうと。「お母さん、お母さん、助けて」と泣き続けていたと聞きました。私はこんな悲しいことを思い出したくないのです。

安明進氏の証言はこの後早紀江さんにとってますます重要な意味を持つようになっていった。

一九九七年三月二五日、兵本、石高氏らが働いて、「北朝鮮による拉致被害者家族連絡会」が誕生した。横田滋さんは代表に就任し、早紀江さんもその会の活動に全力をあげるようになった。その後一〇月四日、東京で、北朝鮮に拉致された日本人を救出する会が結成された。翌九八年にこの会が中心になって、「北朝鮮に拉致された日本人を救出するための全国協議会」が結成される。東京の会の会長であり、全国協議会の会長となったのは佐藤勝巳現代コリア研究所長である。東京の会の二代目会長で、全国協議会の副会長となったのは西岡力『現代コリア』編集長であった。佐藤氏と西岡氏が早紀江さんに大きな影響を与えることになるのである。

佐藤氏と雑誌『現代コリア』は、長年にわたり北朝鮮の体制を批判し、北朝鮮への援助、国交交渉は、体制の延命を助けるものだとして反対してきた。一九九九年八月に刊行した佐藤氏の著書『北朝鮮の「今」がわかる本』(三笠書房、一八四頁)では、「日本国の内閣総理大臣には、自国民救出のために戦争も辞さずという不退転の態度が見られない。明らかに正常ではない」と言い切っている。

早紀江さんは佐藤、西岡両氏から北朝鮮の体制は崩壊させるほかないという認識を聞かされ、娘を拉致した国に対する反発から、その認識を受け入れていったと思われる。コメ支援反対、経済制裁要求、拉致問題を「国政の最優先課題」とし、拉致問題が解決しないうちは国交正常化交渉をしないという方針を共有していった。一九九九年一〇月、早紀江さんは最初の本『めぐみ、お母さんがきっと助けてあげる』(草思社)を刊行した。「解説」は西岡氏が書いている。

早紀江さんの新しい姿

二〇〇二年九月一七日、小泉首相が訪朝し、日朝首脳会談をおこなって、平壌宣言を出した。金正日委員長が拉致を認め、謝罪し、五人生存、八人死亡と伝えた。この知らせが家族たちに通知される。横田めぐみさんは死亡と通知された。その知らせは家族に大きな衝撃を与えた。家族会の記者会見で、横田滋氏は涙にくれたが、横田早紀江さんはこのとき大変な自己抑制を見せ、涙も出さず、明晰な論理の驚くべき発言をおこなった。

　今日、思いがけない情報で、本当にびっくりいたしましたけれども、あの国のことですから、何か一所懸命に仕事をさせられている者は簡単には出せない、ということだろうと私は思っております。絶対に、いつ死んだかどうかもわからないような、そんなことは信じることはできません。
　そしてこれまで長いあいだ、このように放置されてきた日本の若者たちのことを、どうぞ皆さまがたも、これから本当に真心をもって報道してください。日本の国のために、このように犠牲になって、苦しみ、また亡くなったかもしれない若者たちの心のうちを思ってください。

　このようなことですけれども、私たちが一所懸命に支援の会の方々と力を合わせて戦ってきたこのことが、大きな政治のなかの大変な問題であることを暴露しました。このことは本当に日本にとって大事なことでした。北朝鮮にとっても大事なことです。そのようなことのために、めぐみは犠牲になり、また使命を果たしたのではないかと私は信じています。いずれ人は皆、死んでいきます。本当に濃厚な足跡を残していったのではないかと、私はそう思うことでこれからも頑張ってまいりますので、どうか皆さまとともに、戦っていきたいと思います。

　本当にめぐみのことを愛してくださって、いつもいつも取材してくださって、めぐみちゃんのことを呼びつづけてくださった皆さまに、また祈ってくださった皆さまに心から感謝をいたします。まだ生きていることを信じつづけて戦ってまいります。ありがとうございました（横田早紀江『めぐみへ　横田早紀江、母の言葉』草思社、二〇〇七年一二月、五〇～五一頁）。

　これは実に高度な政治的な発言であった。冒頭で死亡の通知は信じられないと述べているが、それも北朝鮮の体制についての認識と結びついて出されている。親子の情として信じたくない、信じられないというのではないのだ。次いで拉致被害者について「日本の国のために、このように犠牲になって苦しみ、また亡くなったかもしれない若者たち」と述べて、死亡の通告を半ば受け入れている。そして、そのような悲劇の意味を論じて、「めぐみは犠牲になり、また使命を果たしたのではないかと私は信じています」と言い切っている。めぐみさんは死んだかもしれないが「濃厚な足跡を残していった」。その生の意味を受け継ぎ、自分はこれからも闘っていくと宣言しているのだ。そして、闘っていくにあたっては、「まだ生きていることを信じつづけて戦ってまいります」と説明している。生きていると信じることが闘争の道だとされているのである。滋氏は孫に当たるキム・ウンギョンさんのことに触れたが、早紀江さんは一切触れていない。

まさに親子の情、肉親の情というものを乗り越えた早紀江さんの新しい姿、闘う母の姿であった。

「それがめぐみの人生の意味なのではないか」

めぐみさんが果たした「使命」については、『めぐみ手帳』の「あとがき」で、早紀江さんは次のように述べている。

> 国や政治の在り方について、めぐみの事件を通して私は多くのことを学ばせてもらった気がします。
>
> 現在では、北朝鮮による拉致被害者は日本だけでなく、世界各国にいることも分かってきました。それらの人々の救出についても、私は毎日祈っています。さらに、拉致被害者だけでなく、たった一人の独裁者によって虐げられている北朝鮮の一般の人々も、救い出すべき同じ被害者なのだと考えるようになっています。
>
> 悪の存在に気づいたら、その悪を滅ぼすためには、それに気づいた者が本気で闘わなければ

ばならない。その思いが、この何年かの間に私の気持ちの底に堆積されてきています。……めぐみが拉致被害者であったことは、本当に悔しく辛く不幸なことです。でも、その一方で、めぐみを通じて、私自身が、そしてこの社会や世界が、不思議に浄化されていくという思いも抱くようになったのです。

めぐみは日本や世界の悪を人々の目の前に明らかにするという、大きな使命を背負って生きているのではないか。それがめぐみの人生の意味なのではないか。そう思ってやりたいし、そう感じます。この先、たとえ私の身に万一のことがあっても、必ず、より大きな世界でめぐみと本当の再会を果たすことができる。そう信じながら、残りの人生を生きていけることに、感謝できるようになりました。目で見える世界だけではなく、より大きな世界があることを、めぐみは私に教えてくれたのです(二九四〜二九五頁)。

北朝鮮の体制を悪の体制だと考え、それと闘うという姿勢が明確に出ている。続けて「もちろん私は、めぐみを絶対に取り戻したいと思っています。拉致され、死にましたと言われ、偽の骨を出され、はいそうですかと言う親は世界中どこにもいません」と述べているが、先の部分が主文で、こちらは付け加えた主張のような印象を与える。

北朝鮮の国民を救う必要があるという主張はアメリカを訪問した際の下院公聴会(二〇〇六年四月二七日)でも述べられた。発言の終わりで、彼女は「ひどい人権侵害に苦しんでいる北朝鮮の人々も助けなければなりません」と述べ、経済制裁を求めた。

蓮池夫妻の伝えためぐみさんの状況は封印された

早紀江さんが北朝鮮でのめぐみさんの状況について、最も重要な情報を知ることになったのは、蓮池夫妻が二〇〇四年六月一五日、横田家の人々に会って、めぐみさんとの生活について報告してくれたときであった。蓮池さんが一九九四年隔離病棟に入れられるまでの苦しい日々について話したことは、日本テレビのドラマ『再会』に描かれている通りである。

話を聞いた後、滋氏は「ありがとうございます。話してくれて。でも私たちは信じられません。信じたくありません」と述べた。早紀江さんは「私たちの覚えているめぐみちゃんは一三歳のまなんです。どんなお話を聞かされても、二〇歳になっためぐみちゃんも、結婚しためぐみちゃんも、子どもを産んだめぐみちゃんも、私たち見てないんです。めぐみちゃんは元気で、明るくて、活発で……」と述べたとされている。その反応はきわめて自然なものであった。

横田夫妻の本『めぐみ手帳』には、六月一四日から二〇日までのノート記載が省略されており、「六月二一日に中山参与を訪ね、一五日に行った蓮池夫妻との懇談会の様子を報告する。……このとき出た話は、北朝鮮の発表ではめぐみは九三年に自殺したことになっているが、蓮池薫さんは九四年にもめぐみを目撃しているということ」とだけしか書かれていない。かつ「この話は互いに公表はしないでおこうということにした」とされている。

蓮池夫妻から聞いた、めぐみさんの精神的に追い詰められた状況のことは早紀江さんの口からは一切話されることはなかった。蓮池さんが話しためぐみさんの状況は存在していないことのように扱われているのである。

早紀江さんは米下院の公聴会でも、「めぐみたちはまだ元気であちらにいるのです」と述べた。『めぐみ』では、早紀江さんは、めぐみさんが「一九九三年三月に死亡といわれていますが、それ以降にめぐみを見たという目撃者が何人もいるんですよ」と述べている。ここで最も重要視されているのは、映画でも続けて出てくる安明進氏の「生きていますよ。日本人を殺したりしません。監視がつくので自殺もできません。めぐみさんが生きていることは、最近韓国へ来た情報員から聞きました。金正日の息子に日本語を教えているそうです」という証言である。西岡氏もこの情報を最も有力な情報として、映画のパンフレットでも強調している。

なお、安氏が日本へ来て横田夫妻と会い、金正日が息子の日本語教師としてめぐみさんを選んだという話をしたのは、二〇〇三年一月一六日のことである(『緊急出版 横田めぐみは生きている――北朝鮮元工作員安明進が暴いた「日本人拉致」の陰謀』講談社、二〇〇三年)。

この問題はまた、キム・ウンギョンさん問題とも関係してくる。早紀江さんはウンギョンさんに会いに行かないことにした理由について、映画『めぐみ』の中で次のように説明している。

普通の国であれば、北朝鮮が本当に普通の国であれば、すぐに飛んでいって抱きしめてあげたいし、どうでもしてあげたいと思いますが、とにかく謀略の国だということがまず第一のところにある国ですから、めぐみちゃんはやっぱり死んでいるんですよとたくさんのカメラの前でウンギョンちゃんに言わせて、でもよかったね、孫がいてよかったねと、こんなかわいい元気な孫がいてよかったね、というところを映されてしまえば、めぐみは死んだということになってしまうんですよ。

早紀江さんの現在の論理では、ウンギョンさんも「たった一人の独裁者によって虐げられている北朝鮮の一般の人々」の一人だと考えられてしまう。万が一めぐみさんが亡くなっているとするならば、ウンギョンさんはめぐみさんの忘れ形身ということになる。ウンギョンさんを抱きしめることが、めぐみさんがこの世に残した生の印を抱きしめることになるのである。ウンギョンさんは北朝鮮に消えためぐみさんとつながる唯一の絆、手掛かりの糸であるはずなのだ。

めぐみさん、ウンギョンさん、智燕さんへの思い

ウンギョンさんに会うことについて、早紀江さんと滋さんとは気持の差があったことはよく知られている。滋さんはウンギョンさんに会いたいという思いを早くから抱き、行動に移そうとした。二〇〇二年の末になって、募って来たその希望を帰国した被害者五人に話したところ強く支持された。そこで滋さんは二〇〇三年一月に家族会の集まりで話したが、蓮池透さんら家族会の幹部からも救う会からも反対されて、希望を取り下げざるを得なかった。しかし、おそらく滋さんはその気持をずっと持ち続けていたのであろう。

二〇一三年に刊行された『安倍晋三回顧録』(中央公論)には、いつのことかわからないように書いてあるが、これと別に、実現しなかったウンギョンさんとの面会の話があったと書かれている。

「北朝鮮は、……横田夫妻と孫娘となるキム・ウンギョンさんの面会を平壌で行うことを提案してきた」という。安倍氏は横田家の人々にその提案を伝え、北朝鮮は「経済支援がほしい」ので、横田夫妻を平壌に呼び、金正日が「めぐみさんは亡くなっている。ごめんなさい」と謝罪して「一件落着させようとする可能性がある」と説明した。つまり、安倍氏は横田夫妻の訪朝を牽制したのである。だが、滋さんは「孫に会いたい」と主張した。すると、早紀江さんと息子たちが安倍氏に従って訪朝に反対したので、「最終的に滋さんが折れたんです」と安倍は述べている。

滋さんは諦めきれなかった。二〇一一年初めから滋さんが日朝交渉再開を強く求めるようになった気持の底には、訪朝して孫娘に会いたいという願いがあったのではないだろうか。しかし早紀江さんはそのような気持に流されることなく、「行けば、向こうは何とか騙してめぐみは死んだと納得させようと考えて」(『めぐみへの遺言』幻冬舎、二〇一二年、一七二頁)いるのだとして、死亡したという拉致被害者は生きている、全員を一括帰国させよという運動の基本線を代弁し続けてきた。

だから、二〇一四年安倍内閣のもとでウランバートルでウンギョンさんと面会するという提案が出てきたことは早紀江さんを驚かせたであろう。二〇〇二年から一二年、めぐみさんの拉致からは三七年も経過し、夫の滋さんは八一歳、自分は七八歳になっている以上、海外へ旅行するのも不可能になると考えて、決断したという。もちろん、滋さんが強く望んでいることを尊重することが決定的であった。

だが、先に引用したように、早紀江さんにとっても、ウランバートルの出会いは夢のような幸福なものとなったようである。ウンギョンさんとその娘智燕に会ったことは早紀江さんに予想を超えた衝撃を与えたものと思われる。早紀江さんは、まぎれもなく自分からめぐみさん、ウンギョンさん、智燕さんへとつながっていく生命の流れを感じ取ったことであろう。横田夫妻を支援してきた有田芳生氏が公表した早紀江さん、ウンギョンさん、智燕さんの三人の美しい写真はこのことを伝えている(本書カバー参照)。そして、ウンギョンさんにとって母めぐみさんの死は動かしがたい前提になっていることも早紀江さんには感じられたはずである。

早紀江さんへの圧力

だが早紀江さんには帰国直後から大きな圧力がかかった。救う会から求められて、「初めから全ての被害者救出のことしか考えておりません。今回の面会もそのために行きました」「面会後もめぐみの生存への確信は全く揺らいでいません。今後も全員救出のために戦い続けます」というコメントを一六日に出したと、読売新聞(三月一七日、三九面)が報じている。このような痛ましい文章を書かせる組織の罪は深いと言うべきである。

ウランバートルでの面会から五カ月ほどたって、早紀江さんは朝日新聞の北野隆一記者のインタビューに応じて、次のように語った(二〇一四年八月三一日)。

こんなに娘によく似た、血を分けた子が目の前にいるのに、なぜここにめぐみがいないの。その姿すら見えないのって。複雑な思いでした。

めぐみのことを聞いても、向こうの立場もあるから。だったらお互いあからさまなことを言って嫌な思いはしない方がいい。なごやかな楽しい空気をつくろうと。

孫にだって会える日が来た。祈っていれば、きっと不思議な日がまた来る。これは我が子を救うための闘いなのです。

私たちは、何の罪もなく奪われた家族を帰してくださいと言っているだけなんです。八〇〇人以上という失踪者の中にも拉致された人がいるかもしれない。命の問題だから、いいかげんな妥協は許されません。

滋さんは何も答えることなく、早紀江さんの立場を繰り返す言葉を発するだけだったという。だが早紀江さんが最後に述べているのは日本政府の公式の対北朝鮮主張の代弁に他ならない。

この後、滋さんの体の条件が悪化の一途をたどり、社会的発言は完全に止まってしまい、早紀江さんが一人で、二人分の活動を続けた。

早紀江さんにとってのさらなる締め付けは、ウランバートルでの面会の写真を有田氏が『週刊文春』二〇一六年六月一六日号(発売六月九日)に発表したことに対し、救う会の内部から非難の声が上がったことだ。早紀江さんは滋さんと連名で手記を書き、二二日に都内で開かれた救う会の集会で発表した。横田家からは写真を出さなかった、有田さんがウンギョンさんの許可を得たというので、有田さんが発表するのに異存はないと言ったのだ、いまは「拉致問題がまず大事なこと」だ、ウンギョンさんの訪日の話を出す人もいるが、それよりも拉致問題の早期解決が必要だ――。早紀江さんの心にどれほどの変化が起こっていたのか、知りうべくもない。

夫の死去

二〇一六年から一七年にかけては米朝関係が極度に緊張し、戦争の危機が現れる中でも、早紀江さんは発言を続け、一七年一一月に訪日したトランプ大統領にも面会して訴えている。一一月一五日はめぐみさんの拉致から四〇年が経過したことで早紀江さんは記者会見をおこない、「すぐ近くの国に閉じ込められているのに、どうしてこんなにも長い間、助け出すことができないのか」、さらに「「めぐみちゃんだ」とわかる間に一時間でもいいから会いたい」とも語った。めぐみさんは五三歳になっているとして、「病気をしないで、元気でいて」「私たちも長くない。「そういうこともあったね」で終わりにしないといけない。早く自由にしてあげたい」が結びの言葉であった。

二〇一八年は金正恩委員長の新年の演説で一転して米朝は和解ムードになり、首脳会談に向かうこととなった。首脳会談が実現したとき、早紀江さんは「奇跡的なことが起こった」と記者に語っている。北朝鮮に生きるウンギョンさん一家の上にも平和が来るとして喜んだのであろう。

しかし、平和への希望はすぐに壊れてしまう。二〇一九年の米朝首脳会談が決裂に終わった後、二〇二〇年六月五日横田滋氏がついに死去した。享年八七歳であった。早紀江さんは「めぐみを取り戻すために主人と二人でがんばってきましたが、主人はめぐみに会えることなく力尽き、今は気持の整理がつかない状態です」との談話を出した(朝日新聞二〇二〇年六月六日)。

その二年後、統一教会信者二世の青年に手製銃で撃たれて、安倍晋三元首相がこの世を去った。それは二〇二二年七月八日のことであった。早紀江さんは大きな喪失感を表明した。その一一カ月後、安倍氏のスポークスウーマンとして知られるNHK記者、解説委員であった岩田明子氏による『安倍晋三実録』(文藝春秋、二〇二三年)が公刊された。安倍氏を「現代日本では不世出の政治家であろう」と称えてやまない記者の本を手にして、私は、二〇一四年三月のウランバートルでの横田夫妻とキム・ウンギョンさんとの面会についての記述に注目した。

岩田氏は、「私が安倍から聞いた話と外務省関係者に取材したところによれば」として、次のように書いている。早紀江さんは「私は娘のめぐみが生きているかどうか知りたいのだけれど、それをウンギョンに聞いてもいいかどうか判断がむずかしい」と外務省の同行者に漏らしていた。三月一二日の食事の際に早紀江さんは「私はめぐみがどこかで生きていると今も信じています」と言った。すると、ウンギョンさんは「なぜ、孫である私の言葉を信じてくれないのですか」と言って、泣いた。早紀江さんは、帰国者が「元気そうなめぐみさんを見た」と話しているので「生きているとしか思えないの」と話した。やがてウンギョンさんが、北朝鮮へ来て「直接確かめられるのが一番いいのでは」と提案し、滋さんが「機会があれば行きたい」と言った。早紀江さんは、「お墓に行って、亡くなったとの説明を受けたとしても、決して諦めることはできない」と言い切った。最後に安倍氏の感想が付け加えられている。

安倍氏は、ウンギョンさん自身は「めぐみさんの臨終は見ていないだろうし、「死んだ」と断定口調なのは、北朝鮮当局から無理に言わされている可能性がある。私はやはり、めぐみさんは生きていると感じたよ」と言ったという。これが安倍氏の最後の言葉だとして書かれている。

　この記述は、これまで早紀江さんが語ったこと、とくに二〇一四年八月三一日の朝日新聞のインタビューで述べたことと明らかに食い違っている。どちらが正しいのか、国民ははっきりとした答えを求める権利がある。

4　私の感想　日本海を平和な海に

あの二〇〇二年九月一七日の夕方、横田早紀江さんが、一三人の拉致を実行し、うち八人を死にいたらしめたという北朝鮮の通告に対して、「どうか皆さまとともに、戦っていきたいと思います」、娘めぐみは「まだ生きていることを信じつづけて戦ってまいります」と、永続的な闘争宣言を発してから、すでに二〇年を超える歳月が経過した。早紀江さんはこのうえなくよく闘ってこられた。日本の市民を拉致したことに対する制裁を北朝鮮に加える闘いに、十分すぎる貢献をされたのである。しかし、いまは転換のときではないだろうか。

　この間に、朝鮮と日本は何度も戦争の危険に直面してきた。いま、遠くウクライナ戦争の悲劇的な火の手を望みながら、あらためて戦争の影が日本海を覆っているのが感じられる。日本海のこちら側には横田早紀江さんと二人の息子拓也さん、哲也さんがいて、あちら側にはめぐみさんの娘キム・ウンギョンさんとその夫と娘智燕さんがいる。日本海を平和な海に、本当のブルー・

シーにすることができるかどうかに、横田家の未来も、私たち、この海のまわりに生きるすべての者の将来もかかっているのである。

田中　均(たなか・ひとし)

(株)日本総合研究所国際戦略研究所特別顧問．外務省アジア大洋州局長，外務審議官(政務担当)などを務めて2005年に退官．東京大学公共政策大学院客員教授，日本総合研究所国際戦略研究所理事長を経て現職．著書に『国家と外交』(共著・講談社)，『外交の力』(日本経済新聞出版社)，『プロフェッショナルの交渉力』(講談社)，『日本外交の挑戦』(角川新書)，『見えない戦争』(中公新書ラクレ)など．

福澤真由美(ふくざわ・まゆみ)

日本テレビ報道局「日テレNEWS」の統括デスク．中国・上海生まれ，14歳で来日．慶応義塾大学大学院修士課程修了．1997年日本テレビに入社し，報道局で政治部，社会部記者，『真相報道バンキシャ！』アシスタントプロデューサーを経て現職．2002年から長期にわたって報道局社会部拉致問題取材班のキャップを務めた．

蓮池　透(はすいけ・とおる)

元「北朝鮮による拉致被害者家族連絡会」副代表．東京電力で原子燃料サイクル部部長などを務め2009年退社．拉致被害者蓮池薫の実兄として「北朝鮮による拉致被害者家族連絡会」の事務局長などを歴任．著書に『拉致被害者たちを見殺しにした安倍晋三と冷血な面々』(講談社)，『奪還　引き裂かれた二十四年』『奪還第二章　終わらざる闘い』(以上，新潮社)，『拉致　左右の垣根を超えた戦いへ』(かもがわ出版)，『告発――日本で原発を再稼働してはいけない三つの理由』(ビジネス社)など．

有田芳生(ありた・よしふ)

ジャーナリスト．出版社勤務を経てフリージャーナリストとして統一教会，オウム真理教事件等の報道にたずさわる．2010～22年，参議院議員として拉致問題，差別，ヘイトスピーチ問題などにとりくむ．主な著書に『北朝鮮　拉致問題――極秘文書から見える真実』(集英社新書)，『ヘイトスピーチとたたかう！』(岩波書店)，『霊感商法の見分け方』(晩聲社)，『原理運動と若者たち』『統一教会とは何か』(以上，教育史料出版会)，『改訂新版　統一教会とは何か』(大月書店)など．

和田春樹
東京大学名誉教授．東北大学東北アジア研究センター・フェロー．1995〜2007年「アジア女性基金」の呼びかけ人，運営審議会委員，理事，専務理事・事務局長を務めた．現在，日朝国交促進国民協会理事・事務局長．主な著書に『朝鮮戦争全史』『日露戦争 起源と開戦』『北朝鮮現代史』『ある戦後精神の形成 1938–1965』(以上，岩波書店)，『日朝交渉30年史』(ちくま新書)，『金日成と満州抗日戦争』(平凡社)，『スターリン批判 1953〜56年』『ロシア革命』『回想 市民運動の時代と歴史家 1967–1980』(以上，作品社)など．

北朝鮮拉致問題の解決──膠着を破る鍵とは何か

2024年3月26日　第1刷発行

編　者　和田春樹（わだはるき）

発行者　坂本政謙

発行所　株式会社 岩波書店
〒101-8002 東京都千代田区一ツ橋2-5-5
電話案内 03-5210-4000
https://www.iwanami.co.jp/

印刷・理想社　カバー・半七印刷　製本・中永製本

ISBN 978-4-00-025509-7　Printed in Japan

【岩波オンデマンドブックス】

北朝鮮——遊撃隊国家の現在　和田春樹　四六判三三〇頁　定価五五〇〇円

北朝鮮現代史　和田春樹　岩波新書　定価九九〇円

エスカレーション　北朝鮮vs.安保理　四半世紀の攻防　藤田直央　四六判二五四頁　定価一九八〇円

消えた核科学者——北朝鮮の核開発と拉致　渡辺周　四六判二二八頁　定価二二〇〇円

追跡　金正男暗殺　乗京真知　朝日新聞取材班　四六判二〇六頁　定価二〇九〇円

「北朝鮮の脅威」のカラクリ——変質する日本の安保政策　半田滋　岩波ブックレット　定価五七二円

岩波書店刊
定価は消費税10%込です
2024年3月現在